# 太极拳学（影印本）（下册）

沈家桢 著
沈书加 整理

太极拳学（上、下册）完稿于1936年，此书为影印版本。

人民体育出版社

图书在版编目（CIP）数据

太极拳学. 下册 / 沈家桢著；沈节加整理. -- 影印本. -- 北京：人民体育出版社，2022
ISBN 978-7-5009-5935-9

Ⅰ.①太… Ⅱ.①沈… ②沈… Ⅲ.①太极拳—基本知识 Ⅳ.①G852.11

中国版本图书馆CIP数据核字(2020)第267438号

\*

人民体育出版社出版发行
北京新华印刷有限公司印刷
新 华 书 店 经 销

\*

710×1000　16开本　26.25 印张　82 千字
2022 年 8 月第 1 版　2022 年 8 月第 1 次印刷
印数：1—3,000 册

\*

ISBN 978-7-5009-5935-9
定价：80.00 元

社址：北京市东城区体育馆路 8 号（天坛公园东门）
电话：67151482（发行部）　　　邮编：100061
传真：67151483　　　　　　　邮购：67118491
网址：www.psphpress.com
（购买本社图书，如遇有缺损页可与邮购部联系）

# 沈家桢简介

沈家桢先生（1891—1972），江苏南通白蒲人士，上海交通大学毕业。因其早年体弱多病，于14岁开始拜杨健侯为师学习太极拳。杨健侯过世后，又与其子杨澄甫一起研习探讨太极拳。沈先生年轻时跟随孙中山先生参加辛亥革命并被派往北平（北京）工作。1928年，沈家桢在下属引荐下结识了来京教拳的陈发科先生。陈发科与沈家桢情分深厚，结为知己，又因陈先生长沈先生5岁，故以兄弟称之。沈家桢跟陈发科学习到了原始的陈式太极拳，同时和陈发科先生共同研究和探讨出了许多宝贵的太极拳奥秘及心得，学术上也深得詹天佑前辈的器重。

沈家桢先生于1961年受人民体育出版社之托，和顾留馨先生一起编撰了我国第一部《陈式太极拳》。此书在1963年12月出版发行，其中第一、二、三章由沈家桢执笔，第四、五章由顾留馨编写。

沈家桢先生为太极拳学呕心沥血长达几十年。期间，沈先生结合人体经络穴位的知识和运用建筑专业的力学理论知识，对太极拳的理论作了进一步升华。所以在本书中大量使用了现代力学解析一招一式拳路，并且使用传统经络和穴位诠释一神一气，把太极拳从浅层运动提升到理论的高度，从而展示了太极拳运动的最高境界。

杜心五先生（曾任孙中山先生的保镖）非常赏识沈家桢的《太极拳学》，并且为本书题辞。

理精湛寥為太极门之精矢且因研究之独到而多所发明不啻为武术界创一新纪元也

杜心五题

校注：

❶应为"质明"。

第四集 隅手與用着法

第二十九章 太極拳之擒拿術

第三十章 太極拳之進圈法

第三十一章 四隅手對待之方式

第三十二章 四隅手應用之時期

第三十三章 太極拳與武當拳之對照

第三十四章 十段錦之散手與尺寸分毫

第三十五章 太極拳三種主宰①之合論

第三十六章 太極拳氣功之專論

校注：

❶应为"主宰"。

第三十七章 較手時心記之五字訣
第三十八章 結論太極拳修練功夫之程序

第五集 架子與修審法

第三十九章 太極拳架子之研究
第四十章 架子內之注意點及易犯病附圖一百五十幅
第四十一章 有意義之走架子
第四十二章 架子內之十八種練步法
第四十三章 慢而快與快而慢
第四十四章 連而斷與斷而連
第四十五章 柔而剛與彈性之關係

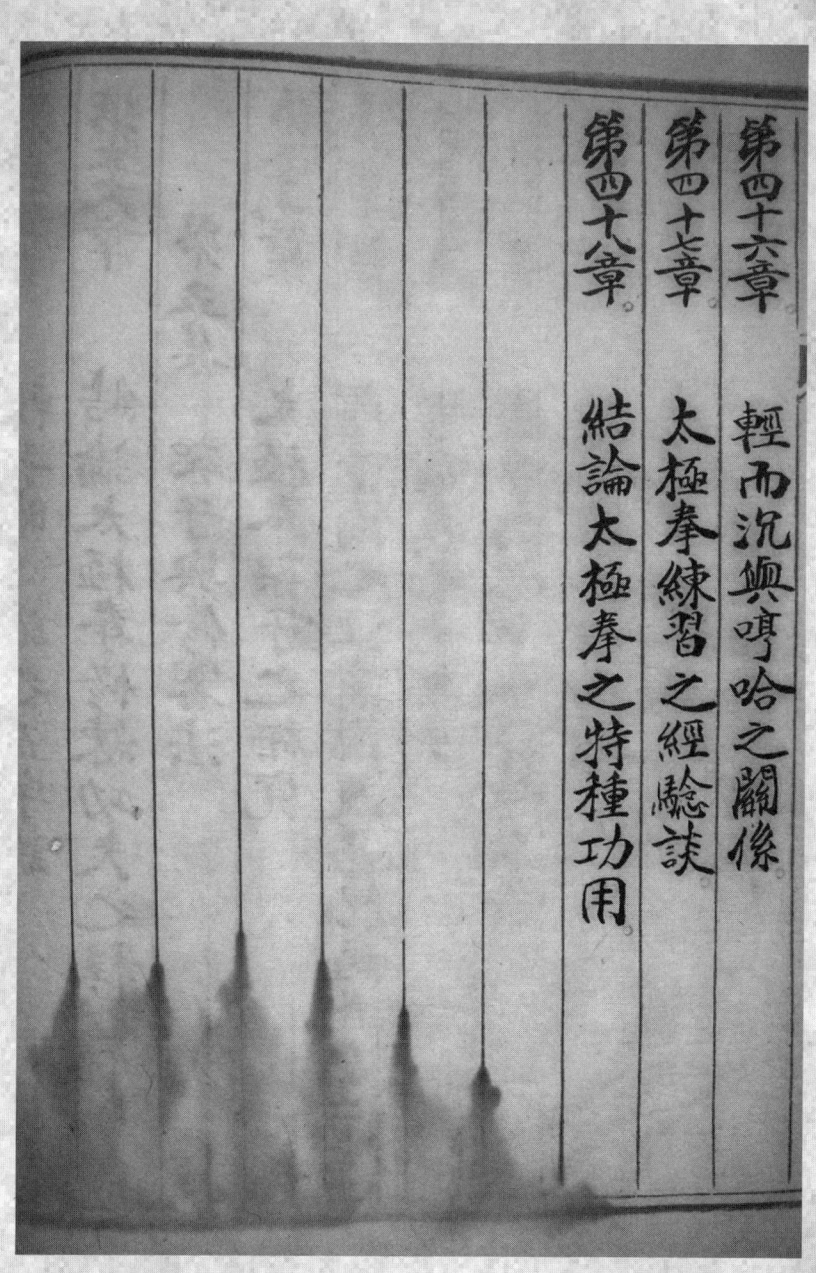

第四十六章　輕而沉與哼哈之關係
第四十七章　太極拳練習之經驗談
第四十八章　結論太極拳之特種功用

# 第二十九章 太極拳之擒拿術

擒拿名詞本為一種著法之總稱而用法專以指節為主求能止住對方亂舞之手不發生開門捉影之病於手法上多一種延長使己手之勁傳之於指以指之勁運用於沾黏連隨之中共同以運用其惟一優點在沾黏連隨時即可在沾中連帶用擒法黏用拿法無變換勁着之費時而此擒拿着法自然隱於採挒之中矣其練習程序須待採挒二隅手已著有經驗後再進一步以指之勁採亦能以指之勁挒採挒若至指即則運用細微人不易防之着我勁亦

不易為人懂矣惟此項指法應另有鍛練之法蓋太極拳之擒拿所以異於他項拳術者在虛拿而非實拿因如實拿則變換不活如有轉變非換勁不可若虛以籠之則止住人手有拿之功無拿之病內中仍是舍己從人之功決無自作主張以力勝人之弊矣若虛籠至實時乃指之發勁矣乃用指以施捌勁也學習者在未練擒拿之先應先練習其指若指無其勁則雖得擒拿之地亦不能得心應指以施採捌也按照拳經指之稱謂及練法如下

大指為手仍為指故名手指有旋指之練法

二指為根指根手故名食指練法有四即卡指劍指佐指粘指是也
三指為弓指手故名中指練法有四即心指合指鉤指抹指是也
四指為中合指中合手故名無名指練法有四即金指環指代指扣指是也
五指為幫指幫手故名小指練法有三即補指媚指掛指是也
總計五指之外尚有獨指獨手之用法統計指法為十六着計

大指用法 一着
二指用法 四着
三指用法 四着
四指用法 四着
五指用法 三着
指之動作有四
1 伸指
2 屈指
3 擅指
4 開指

四指之外又有量指一名覓穴指

拳經云凡懂勁後所用之手法已有尺寸時乃可學習擒拿術內中係分為四字以代表之茲分別舉之如下

節字用揉勁　節者節其膜也膜若節之則血不流矣

拿字用摩勁　拿者拿其脈也脈若拿之則氣難行走矣

抓字用推勁　抓者抓其筋也筋若抓之則身無主地矣

閉字用量勁　閉者閉其穴也穴若閉之則神昏氣暗而亡矣

以上四字言之甚易用之實難若學節拿抓閉甚易若專定能得膜脈筋穴則不易矣因此四字須在人之身體上追尋以人身組織上本甚複雜安能一節即揉到膜上一拿即摩到脈點一抓即推到筋內一閉即量在穴中此所以為難也拳經云此四法雖有高授然自己功夫不到即傳之而末[1]由貫焉云々盖人之身體有胖瘦高矮之分

校注：

❶"末"，应为"未"。

雙方對待時有姿勢之不同時間上有日夜寒暑之不同對方氣走之線路變化無定若全有此種口立可無經驗決非一使其指即能得其地也求勁可以用推手之經驗以求懂勁若求膜脈筋穴所在豈可以人命作試驗哉如其不能則經驗毫無豈能應用於人手或曰可以牛羊試之牛羊站定不動聽人硬戮當然有傷以此而號擒拿豈能轉用於人手夫人安能站立不動以待他人擒手此雖有圖表標明地點亦不能收其功也拳經云欲行擒

拿之武事須知推手之醫術有醫人之經驗知其脈穴所在而後用之武事乃能探其根源云口是未學傷人之術應先學醫人之功斯乃學習擒拿術應知之法度惟現在火器盛行即或學到亦無所用既不能用之於友朋遊戲或此試間復不可施之於疆場戰爭上時代變遷學術亦因之而異所以練習山拳者對於膜脈筋穴可以不求而節拿抓閉不可不學因節閉之指法可以補助捌着之指法拿抓之指法可以幫助採着之用乃為採捌轉進一步之功夫其主要在指之練習因係專以指作運動之根也其

因揉而生節法
因摩而生拿法
因推而生抓法
因量而生開法
以揉摩推量交替以行節拿抓開之功以五指任之
是乃十六種用法矣此種用法文雅而細緻變化迟速而近便於手法之端加以調整之指足以救濟出
隅之效也
太極拳主要在舍己從人動急則急應動緩則緩隨
等等之聽勁彼進圍時動作慢速以從人為主因慢

柔之關係容易被人施以擒拿多數為一種寶擒寶拿試思一旦被人抓住不動拿住不放是為太極拳入圜時易逢之險也若無破解之方法則不足進圜以行沾黏之效笑茲錄拳經解法歌訣說明如下

一出手每用殘粘人 指入圜之手以柔蓄之勢求粘為先也

久須防內外雙單擒 指凡以柔求粘之勢若入人圜易為人擒拿應有防備發生此種幹病之法也

3內關用援外關摟 指對方若在我手之內方用擒拿應用另一手援而開之若在我之手外則用旋

轉之奪以去之也

4 分開解脫各依門 指解脫擒拿之法各依其來勢

5 外邊單擒或左右 指若在外關被對方單擒應分之路及勁順以解脫其手也

6 左分虎口右腕尋 指若左手被擒以分開對方手之虎口為上若右手被擒以橫擊其腕為上也

7 彼若雙手齊拿緊 指對方若以雙齊來而緊口拿住時

8 分開一手兩不成 指能取其一手則兩手自開矣

有左右之別也

9 內邊被若兩手援 指對方若由內面雙手先後增援時

10 對勁疾推去無形 指待被勁正在集中時逼其筍而擊之則去無形矣

11 右手輕搽分虎口 指如右手由下方被擒祇須在右手輕以下按則其手之虎口自開也

12 近步疾推莫留停 指如能分開虎口即借對方換勁時進步以發之不可停留分為二著以致遲誤也

13 若是雙拿仍取一 指若是雙手被拿住與雙手被

擒同仍取其一手則其他之手自去也

14 兩手自開痛失神 指若一手被我擊痛即在剎那失神間以震之則雙手自開矣

15 擒拿法廣難盡載 指擒拿之法甚廣難以盡載

16 要皆可以觸類推行 指均可以上各法而類推行之也

讀此擒拿法則統而言之有二句以總其成即遇雙手被擒時因不復顧慮其他之手可順其擒手之勁旋轉跟進一步化之為上若單手被擒則旋轉而下沉以揀勁擊之自能脫離其手也擒拿雖為一種法

則之總名稱內中之勁條為二擒為生根之勁拿為活動之勁拳經所謂生擒活拿是也

總之求膜脈筋穴四者之功實具深奧之作用如學者於中國推拿之醫學如未能有所經驗誠不易得其精華然節拿抓閉之用指法而不可不學口之足以補助採捌二着之運用於懂勁亦多獲益蓋由於懂進於指懂則細緻微末當然為進步之徵矣

## 第三十章 太極之進圈法

太極者乃一人手足運轉時所及左右前後之範圍也在圈邊或稍出圈外以用着爲上因其未與對方相觸無沾住之點不及以沾黏連隨應用於人也故遇有空隙即以擊之也有如大戰前之哨兵戰能驅逐敵人於圈外之時即驅之可也況在他種拳術本以擊爲能因擊之關係過於近身則擊之運用不靈阻碍良多而擊出亦無力矣腿部亦不易提起而踢出矣故在用着之他項拳術與對方之距離以兩圈能砥到之尺寸爲上敵前進則後退敵退則跟進總

以圓邊相觸為限也有時兩人相試不得不來回走動伺隙而擊或擊之於真而以躲閃抽拔擋壓遮架而能事矣甚至盤旋多時彼此毫未碰着一待碰着即猛撞挺霸力大手硬以分勝負矣在太極拳則不然以勁為主勁之運用以近身為上如在圓內運化最為得勢因其平日所習者在勁之靈活求無滯處僵處以節節貫串為能虛實變化動靜相生為高所以有進無退如退則為化而仍粘住并非離開而跳出圓外之退也拳經有云惟性(性)靜情逸目注神怡進生退死畏懼不得此乃太極拳進圓之經驗也在他種

拳術所以不願近身者因恐在圍內如不得勢則難退出且在圍內不易擊也若太極拳之發勁為寸數之距離即可發之愈近則愈得勁況有沾黏連隨之功用左右逢源沾黏不脫自易運用化勁而得機得勢且此試之勝負全在近身之主力戰決非前哨小戰可以定戰之勝負也所以太極拳有進生退死之說以近身為上蓋用其所長不必畏懼也惟近身必須有近身之法決不能直衝而入不顧對方如何形勢冒險而深入也故有名進圍法之規定在討論進入圍內之先必須有若干之前哨戰也若不明此前

唧戰一遇他種拳術在園邊時已被他人擊出或擊傷矣沾黏連隨亦無所施用也致用何種姿勢以進園為上此關乎各人身體及造詣之不同井喜用及拿手之各異未可強為一律且對方所迎之姿勢亦決不能一樣所以不能絕對規定也雖不能定然對於攻取之謀略則出一致有各攻入對方陣地雖地形各別未可一律如用以活動兵力具有進退自如之攻勢及中正不偏善於變化者為上此同一之戰略也若與其他拳術比試時必先有一架勢呼之為開門手以便攻入對方園邊或擺出以備對方攻入

并且常儲蓄一二手於先以婆變化惟此種固定式之開門架勢決非太極拳所宜出也以太極拳輕靈無聲圓活無象舍己從人隨圓就方何能令對方認明架勢示人手法於進圓之先哉故拳經有云

1 退圓容易進圓難 指退出對方之圓易而進入他人圓內比較為難也

2 不離腰頂後與前 指腰鬆則變化易頂懸則俯仰免以之而進圓於前後兩方須特別注意進中藏有退步也

3 所難中土不離位 指最要緊者無論如何變化

不離中土之位即重心安定而無前俯後仰之病以此中正之身入人圍內為進退自如之勢也

4 退易進難仔細研 指應將此進難退易之理由仔細研究之退出於自動而進須顧慮對方之姿勢所以較難也

5 此為動功非站定 指雖中正姿勢而非直身僵立如站立之形必須有以中正之勢以動勢代之也

6 以身進退並①肩 指以身體進退為主非手動而身不動也因身能移動無論進至何地退至何

校注：
❶此處应为"并"字。

處仍然中土不離位也至架子之高下應以對方為此例所以稱之為此肩也

7 能如水磨推急緩，指以圓形之手磨轉而進有如水磨之形大圓轉磨小圓加水即一手大圓在前一手小圓護胸其速度以對方動急則急應動緩則緩隨之狀也

8 雲龍風虎眾周旋 指以氣功之薰發兼以沾黏連隨相周旋也

9 要用天盤從此覓，指進入圓內須力爭上游則勢順易發以引對方保護上部而施迎拒焉易得

對方之手而粘之也以已手居人手之上易得發
〇久而久之出天然　指久用成熟則自然而然得
進入對方圈內而粘之美
按照拳經規定雖未指定何種架子為進圈之勢然
總以中土之姿勢為上使對方不易判明本人何種
手法為妙而在己則能發能化能蓄能退為善勢也
且不許過事開展務使兩膊相繫掤勁含蓄於內如
水磨之形一手轉磨一手加料乃容易保護前部之
法不使有空隙為敵所乘也在太極第二趟拳中以
串梭❶為順步進圈手法以倒騎麟為拗步進圈手法

校注：
❶ "串梭"，应为"穿梭"。

步法均以連枝步為進圈之步因用此步乃身之進退也如欲再進則多加一連枝可也此乃太極拳進圈最善之步法也此與拳經所定歌訣十句正為此串梭與倒騎麟二著寫照也現時國術比試紛紛舉行而太極一門甚少得拔幟勝其原因均因舉手之初方在人圈外即思粘人之手屈時尚未粘到而乙身已被對方拳足交下失其缺點在平時練習推手時雙方將手搭住粘定然後再行推動而對於如何求搭住粘定之法未嘗研究此最為可惜之練習倘能以甲乙二人各站一點互相移動而進甲進於乙

校注：

❶ "串梭"，应为"穿梭"。
❷❸ 应为"搭住"。

點或乙進於甲點再或雙方并進各出各勢以求粘住搭上之法則太極拳一門決不能如今日祇在體育內門之地位矣

## 第三十一章 四隅手

### 對待之方式

四隅者方角也有別於圖爲着之代名詞也正手與四隅手之分別一在發而一在聲也因發必須有弓形即發後仍須有弓形預備可以再發也如隅手乃聲也乃有空隙即擊也所以呼之爲着蓋有時無勢不得已以隅手之擊扶助正手之發也若用隅手以互相推手甚不易造成纏繞纏綿如四正之形式故不名之推手而曰對待以表面視之有如他種拳術之對手拳惟內容不同者雖用着以互相往①來對待仍保持不丢不頂之精神而不離開則其

校注：
❶应为"往来"。

中自然含藏點黏之意茣弄因練太極拳者所有姿勢莫不有內纏外反之天然習慣則掤縷①二勁當然含藏其中但在四隅對待時不許施之於外耳專以着相徃②來為主使雙方得以練習應他人用着攻來不及以勁迎之有所經驗以為進圓後第二時期動作倘對方因受進圓之壓迫閉躱藏而急遽變化致己手不及沾住之時而出方圓之外不得已以隅手而擊之因擊之關係引起對方之反應使之復歸於方圓四正之中而易進於沾黏也其時間乃在進圓之後引進之先太極拳所以見凌於人反

校注：
① "掤縷"，应为"掤攦"。
② 应为"往来"。

被人所敗者即在此第二時期此項時期甚短於一剎那間勝負即分倘能善於應付轉瞬即可越過故須熟習隅手對待以備地位之不相當或對方急邊變化所生之情形以致沾黏不及之時有隅手足以補救之此太極拳以正隅相變方圓相生為兩儀之很豈可存一失一置之不習即號為太極拳手惟應刻刻注意者此項隅手應用乃因手出隅不得已以隅手扶歸於正而求粘試觀他種拳此試時雖各人以聲打為能然往往在數擊之後即乂住不能移動此乃因雙方之勁濡滯不能順勁而動也但雙方

校注：
❶ 应为"往往"。
❷ "乂住"，应为"叉住"。

能粘住係屬天然亦可見用隅手虛擊足可使之進於粘也不過以之作主力而相對待則祇有知己而有不知彼之虞矣因在過渡之剎那間不得不賴以借用耳然萬不可靠此隅手以求勝於人也如果常用之〔■■■■■■〕何能進於懂勁功故宜賴之以進於沾黏則可不可作為主力之用以四正當先四隅助之耳如已沾黏在引進落空後而再用之則為懂勁之用着而着不虛發矣不失為太極正軌矣此應認清明白者也茲將四隅之對待法說明如下

## 四隅之對待法

我北他南雙方盂立各出右手相掤粘距離約一肱膊之遙開始動作我先以右腿後撤一步以左手換出右手左手順勢而下以虎口探他之左腕在我以左手探時我之右手背用晾翅掌式向他下頦捌之他急用左手向迎我右手背右步前進一步走化之我右手肘間之肱膊順他走化他左手肘間之肱膊用陽肘向他心口時進他用左肘彎向他①右脇推化我陽肘我右腕順其推化之勁進而繞他右肱膊外面於陽肘尖之上我左手握他之右手腕

校注：

❶ "左肘湾"，应为"左肘弯"。

〇二九

其時我右手面朝裡以制之他用右手順我之制向上而左提越我之頂而走化之我撤開左手我右手順其化勁由上而右下以抹採之他全身被我抹採遂成向西北傾斜落空之形我即順其勢以正畫之右肩向其右膊以肩靠之他急用左手背捌我回部我以左手迎之他即用左手虎口順我迎勢向下採之他同時以右手背捌我下頦至此則地位已換他轉攻勢而我為守矣其動作仝上①

總之四隅對待方法採捌二字用之於進圈為主以二者互為變換作攻取之勢使對方不能不應若應

校注：

① "仝上"，應為"同上"。

之則對方之手自然粘於己手此乃反主為客之法也
亦係不求沾而自沾之法也惟行此對待時應牢記內
中採捌用法與他項拳術用着以攻人者自有不同約
有數項定理應銘之於心不然功未得而病已叢生矣
茲說明如下
第一不同者係用柔軟之採捌姿勢攻取入人之圈有
空即打不計對方勁之如何能打就打祗求能中而不
求擊倒因目的既在求沾固無須用剛勁與人相衝以
生頂抗也
第二不同者用採捌之着攻人或近人時一手用着一

手仍須用勁因雙手若含有勁着則兩者倒換自必就近取舍不但由着變勁易由勁變着亦易也兩者能得變換靈活則用之以攻迎於人使人不測己勁之所在自易懂人之勁矣

第三不同者用着之手其出擊線路須遵螺絲形而出以符命名太極之精神擊到人身時有如錐子勁則勁之沉着如捶擊紙窗極易入內而不易為人滑過以規避也

第四不同者非己手達到對方之身約一二寸時手中不許發現打之意及打之勁非至近距離時不使關節

發生彈之性因此可以在半途隨意變換勁着改用別項姿勢也所以太極拳用擊臨人不擊則已擊之必中

因太極拳之擊均惟寸勁是用也

第五不同者即或擊到人身時預計手中仍有餘蓄此乃殘字功用決不許擊到時挺直其臂拳經云曲中求直乃言由曲以直其勁非言直其臂也如擊後十足其臂不留餘地則改換他着時必須換勁即所謂舊勁已去新勁未生時也此時所生空隙易為人乘是以太極拳以殘字居首使人特別注意萬不可犯也

以上五種不同之點在研究四隅對待之時即須本其

一三三

意以互相練習之一待成爲習慣則改之不易矣此太極拳不可與他種拳術同時修練原因之一也

# 第三十二章 四隅手之應用法及時機

太極拳注重在勁勁之捲放變化純靠手足有曲伸之能故所有姿勢務須中正安舒順遂便利而後變化方能靈活故一切動作并使之有餘不盡禁止十足伸直以免收回不靈之患因用手足若有敷餘則在個人圈內一切變化容易明瞭而易應付若他人進入自己圈內則人為客而己為主矣若手足伸直則易出諸圈外有類孤軍深入他人之境此反主為客矣處於客位無論如何善變終屬失算此種被制於人之方法決非太極拳求懂勁所恃之言也惟一

且與人較手時個人雖不思出諸圈外往往因持種之來勢及去脈與勁之壓迫及牽制為顧念不許發生頂匾丟抗四病勢必與對方沾黏不脫以舍己從人之精神以適應人則出圈之患在所難免矣舍己從人本是太極拳精義之一雖願意從人而不可盲從若不顧己之利害一味盲從則將陷己於不可復之地矣故從人必須有分寸須在與己無害而得勢中從之惟至半途而止則近於丟矣若半途而回則又易與對方之牽勁生頂矣故在此時機為最難應付之時換言之從之出圈是陷己於不得機勢之地

校注：
❶应为"往往"。

是害己矣若中途停止不從必與對方較力矣若二人以力之大小分上下是雙方均以力是視矣豈能稱為太極拳手是以每逢運使將到圈邊之際正為採用隅手肘靠之最善時機蓋用肘時則手中之勁轉至肘點肘以下至指均空空無物矣肘未出圈矣如已改換在肘時肘又將出隅則可移其勁於肩部而用靠矣肩以下又無物矣此種轉換能換得靈敏即為節節貫串之精神改正出隅之方法也譬如用肘乃因己手有出隅之險用肘以補救之己如上述然在該時對方之勁正值集中一點之時若摟照隅

手法則所謂橫來順打順來橫打則隅手肘之應用極易得橫擊之效即或對方靈繁善變放棄寧力移其勁以迎我肘則抵連圈邊之手已可自然順其勁以收回矣又何慮有出圈之病哉此可證明隅手足以補正手之不及也拳經云身外之肢體身內之神氣總難恰到方圓四正之功始出輕重浮沉之病此四病均為隅也如半重偏重滯而不正當然為隅手或雙重填實亦出隅手此病多之手不得已以隅手扶之而歸圓中方正是四隅之用乃因失體而補其不及云々可見勁如發生偏斜之病則身

不正勁易偏重一邊如無隅手助之則不易挽回出
隅之病所謂出隅者勁之病也出圜者手足之病也
此兩種病均賴隅手以補助也據拳經所載宋仲殊
先生之太極後天奉法均以肘為主可見用肘較之
用手尤為安舒茲錄其名稱如下

1 陽肘 乃外纏勁變化之肘擊也
2 陰肘 乃內纏勁變化之肘擊也
3 晾陽肘 乃雙手搭接❶摩而後露之肘擊也
4 遮陰肘 乃以手迎人而轉以肘擊也
5 肘裏鎗 乃以迎人而轉為挒擊也

校注：
❶应为"搭接"。

6 肘開花　乃由上而下由開而合以肘下擊也
7 單鞭肘　乃舍掌用肘之單鞭也
8 雙鞭肘　乃雙手左右平分之雙肘擊也
9 研磨肘　乃用挫勁外反向前之肘擊也
10 臥虎肘　乃用裹纏外反向後之肘擊也
11 閃通肘　乃轉身旋後橫行之肘擊也
12 雲飛肘　乃雲手式之左右肘擊也

以上十二肘乃由沾黏之勁變化而後生以救出隅之險用肘補助實為最便利之變化挽回頹勢不可少之利器也若四隅之靠勁係以身為主以肩胯為

賓為肘後之又一防線惟應認清者用肘并非以肘尖方可稱為肘即肘尖之上下肱膊均可稱之為肘也肘與靠有相連之關係若用之於身之下部則名為胯靠拳經稱之為一膝肘或兩膝肘之意也若用之上部則名為肩靠轉身則名為背摺靠矣所謂靠者亦因肘失其用以靠補救此空隙之點仍為扶助四正之用也若四隅中之採挒手則又異其用矣採挒二字用於制止浮飄[1]硬滯之手居多用在沾黏之先以救濟四正之不及若肘靠二字因個人勁之出隅無法挽回用在沾黏之後以補助四正之太

校注：

❶ "浮飄"，应为"浮漂"。

●其所以不名拉扯而名採者因其一手採人之勁其他一手尚須有外纏之勁以保持兩手之平衡以驗對方之勁也對方如果顧念被採之手則乙之另一外纏手自然生沾於對方之身矣此仍是以隅手補助四正之功也其所以不名捶打而名挒者因其一手用挒其他一手尚須有內纏之勁以保身之平衡上下左右互相倒換為用也對方如果顧念上之沾勁則下可用挒着以擊之矣對方若顧念下之挒勁則上之沾勁自生捲放之效

矣此仍以隅手補助正手之用法也

總之採捌二隅手乃係一手用着而另一手必須為四正手之一如果雙手同時均以採捌為用則與其他拳術之搏擊法又何異乎惟應知者

一採字之用非直後採如拉扯須旋轉而後採使對方無隨之機也亦非平向後乃係由上而斜向下採使對方足根因之以起也

又捌肘二字之用主要在擊中對方而不在仆倒對方故以平行旋轉擊出為上在將抵達對方之點約數寸間方許發生捌勁作用若在預備擊時手

中即合有擊勁而出則何異他種拳術之打人非安全之道也

3靠字之用決不許平行而出予對方用連勁以迎我之機會必須斜向下靠使對方之根不能不斷而後方可得靠之用也

拳經關於隅手有歌訣以闡其用

一掤進擺退自然理　陰陽水火相既濟

指掤勁為進擺勁為退乃虛實進退互為其用也

之先知四正得來真　採捌肘靠方可許

指四正之功已真得後方可再及四隅之勁

3 四手上下分天地 其中有由亦有去

指四隅之中有勁由上來亦有勁下去之不同也

4 採天靠地相應求 何患上下不既濟

指採係由上向下斜採靠須斜向下靠而後上下乃有相濟之功也

5 若使挒肘習遠離 迷了乾坤遺歎惜

指用挒肘須在近距離內用之不可遠離其身若遠離之必致失敗徒貽後悔之歎也

6 採靠謚定天地盤 進用肘挒歸人字

指採為天盤靠為地盤肘挒歸為人盤也

7 四隅從此演出來 十三勢架永無已

指將四隅用於四正間而後方圓相生滔滔不絕永無已也。

8 任君開展與收歛 千萬不可離太極

指姿勢無論開合進退操人之勁捌出之手務須遵纏絲勁而出入切不可直來直去以失太極之根本精神也。

總之吾人常日所走架子時刻注意中正安舒以支撐八面由開展而緊湊其姿勢使走架子時

1 有雙沉之功去雙重之病

2.有雙輕之功去雙浮之病

3.有半輕半沉之功去半重偏重之病

以此三者之外所出之手均為病手矣人之日審

查修正無非希冀此三功常存耳經過多年之研究

或者可以如願而償使病手不生但一旦與人較手

時他人之勁輕重不一加之我勁之中則難免發生

輕重浮沉等病而出隅矣雖然其中可用化勁之功

以濟補人之勁但用化勁則沾黏連隨生若顧念沾

黏連隨在姿勢上不免有越出圈外之危在勁力上

又不免有偏重偏浮之病此種病乃因受對方之力

以致身體不正偏於一隅失去中正之功成為出隅之勁矣是以太極拳禁止偏重爲第一義以免病手叢生不得已之舉也有如百斤之重者一邊不得過七十斤其餘一邊又不得減至三十斤正爲保持有過偏之病也在功夫愈深則偏差數亦愈微有時近至五十一與四十九之比則近於雙沉矣而不知者以爲雙重其實重與沉在外表上不易判明而在內部之勁有無滯處及變化活不活之別耳拳經云偏沉則隨雙重則滯乃指在雙重之中若稍有偏沉之意於一邊則成爲半輕半重之勁自能隨之於人也

并非偏於一隅之偏也惟在初學之時因分清虛實之關係應偏差稍大以示區別待鍛練愈久則偏差愈微如至偏差極微時則內勁虛實之轉換自易而勁走之動作圈小其變化亦較大者為靈活矣設遇對方加之以力不過由雙沉改為半輕半重耳又何況有上下相隨之功能活步邁就其手以減少其偏差乎但逢程度相等者或變化複雜時稍有不慎則仍有出圈之險雖可以步補救惟時間上與變化上均不如以隅手救濟之迅速而便利也況隅手不止僅限於補助四正之用其本身亦自有敗人之能

一字兩用足証隅手之可貴豈可缺之而不練習乎茲將採用之時機說明如下。

1 與人交手之先若用採挒二隅手臨人可以求沾黏之法。

2 與眾人戰若用挒字隅手可以迅速策應各方以合群戰之法

3 若與人沾黏之後將出圜外時可用肘靠二隅手以扶助復歸中正

4 若與人沾黏之後發生輕重浮沉之病以致遏滯不活可用隅手點之以復歸方圓

是以太極拳以四正為經四隅為擭經擭互為其用而後方圓相生乃可成為規矩先是正隅相半待功夫愈深時則經之四正愈現而擭之四隅愈隱可不常用隅手而不可不善隅手如能以隅手作預備隊蘊藏不顯遇有空隙立時出現最為上策而後方符正隅相變兩儀之用此太極拳練習者應牢記而不可忽者也

# 第五十三章 太極拳與武當拳之對照

武當拳著名於張三丰先生有黃百家主一之著作以證其源流并有王漁洋先生之記載云拳勇之技少林為外家武當張三丰為內家三丰之後有關中人王宗傳溫州陳州同州同為明嘉靖間人故今兩家之傳盛於浙東順治中王來咸字征南其最著者靳人也云有此兩則之記載於書自然較為可靠若太極拳者祇有私人手抄本之拳譜內中雖言之鑿鑿惜古人未有任何出版物以記其事比較上證明之理由則較為薄弱矣何況此拳在陳長興先生

校注：
❶ 应为"私人手抄本"。

時代尚未有此太極拳之名稱不曰軟拳即曰柔拳待楊氏傳入京師後始根據拳中太極之理及運園走之精神乃名之為太極拳吾人為實地學習計祗要本其精神專心修練以資前進乃是正當途徑雅不欲以此拳創自何人為何人所遺留作研究焦點太極拳即是武當拳可非武當拳亦可因無論是非均與拳之本身無所損益也若考此拳所以異於他項拳術者并非在姿勢上有何差異因人之手足身法之變化不過如是也所異者乃此拳運勁之不同及修練方法各異耳倘武當拳於運勁上及修練

上完全相同即呼之為武當拳亦無不可也不然即同一師授之架子其一若離開太極之精神亦不能因其為真正太極拳家所傳授而仍呼之為太極拳也明矣然則吾人既不願以考古家自命何必不憚煩以作此對照乎曰武當拳既名為內家以別於該時之外家拳與太極拳在今日別於他項拳術之情形正復相同則其運動法則與姿勢精神當然與他項拳術有不同之造詣武當拳既著名於近代為南派拳術之精妙者其中自必有其獨到之價值存在足可為後者師之處也若研究其根本能與太極拳

校注：
❶应为"南派拳术"。

同一精義則武當拳譜自可作太極拳一種有力攻錯之工具矣此所以不得不研究之理也

茲以太極拳為主之修練法用武當拳之歌訣以解釋之然後再將該拳之歌訣為主以太極拳之名詞解釋之互相引證融會貫通則兩者自得其蓋矣

## 太極拳之精義　武當拳之精義

1. 虛領頂勁　　　　平視頭略拔 比較易學
2. 涵胸拔背　　　　肩要捲緊壓 比較易明
3. 鬆腰　　　　　　腰要如束帶 比較易明
4. 分虛實 比較易明　中分陰陽止十八法變出

5 沉肩墜肘　　即有四十九
　　　　　　　兩拐顧兩腋肩要捲緊壓
6 用意去力 比較易學
　　　　　　擧身立腳切勿用力勁從
7 上下相隨 比較易明 心裏發
8 曲中求直 比較易明 足進肩隨
9 川字步　　　直由子午
10 開胯　　　　脚不丁不八 比較易明
11 外亦安逸內固精神相等 兩股收其夾 比較易學
　　　　　　神清意目得相等

〇五六

12 彼不動己不動 比較易明 以靜待動

13 彼微動己先動 比較易明 以疾克遲先其所至後其所發

14 以柔軟迎人之堅剛 比較易明 以柔克剛

15 舍己從人 比較易明

16 立身須中正安舒支撐 身正貌柔奉如絞花槌左

八面相等 右中前後皆到不可祗顧一面相等

17 掤攦擠按相等 托擦逼捺相等

18 沾黏連隨 比較易明 殘軟近黏其吞吐吸最奇

內聲開彼身借彼力　內來援回救外關奪相隨
　　　　　　　　　比較　逼捺隨轉借彼勢力
　　　　　　　　　易明
忽結挫揉相等　　　攔不與鬥貼疊更奇彼來
引神氣鼓盪　比較易明　凶勇圍揮啓之相等
輕重浮沉　比較進步　瀟灑脫離
　　　　　　　　　三尖相照
以上條太極拳與武當拳相對照之精義內中雖
說法不同而精神如一可以證明練習之法同要
求之點亦相同也
茲再錄武當拳歌訣以太極拳精神解釋之

# 武当拳之姿势歌诀

1 脚不丁不八，指此拳之步法也。换言之，非丁字步乃较丁字步为宽也，又非八字步乃较八字步为窄也，乃在此两种步法中间之部位，即现时太极拳之川字步也。

2 两股收其夹。若在运动时，如存两股有扛夹之意，则前之两胯自开，而膛亦自圆矣，此太极拳之圆膛也。

3 腰要如带束。束者松而系之也，腰若如带束，即腰之四周均须松开，则腰自可免去鼓劲之病矣。

校注：
❶ "两跨"，应为"两胯"。

亦即太極拳有鬆腰之規定也

4. 平視頭略拔　頭若平視則神貫於頂內中若含有略拔之意乃天然虛領頂勁之精神亦即太極拳所求之頂頭懸也

5. 兩揚顧兩腋　南方稱肘為于揚若運動時兩手揚照顧兩腋則肘不揚起而氣不浮乃太極拳所求之墜肘姿勢也

6. 勁從心裏發　發勁須從心裏而發乃用意之功因以心行氣以氣運身則一動無有不動乃用意去力之謂即太極拳之氣功受心之命令以發勁也

7三尖要相照。手之出也高不過鼻過則氣往①上浮
出不過足指以免俯仰之病亦即太極拳不許有
偏輕偏重之病免得越出身外也

8肩要捲緊壓。運動時肩若捲緊而壓之則自然通
胸而拔背肩亦自然沉矣亦即太極拳所求之沉
肩涵胸與拔背矣

9神清意自得 神清乃心靜之外表則精神固矣意
得乃安逸之内示則氣活矣亦即太極拳所謂内
固精神外示安逸之義也

10繩墨傳勿錯 若以此歌訣爲準繩作運動之南針

校注：
①应为"往上"。

則可證明所傳非錯悞也

## 武當十段錦歌訣

手從腿邊起 指十段錦之初式手法手須從下而上而起也

側身輕移 指轉身邁步務須輕靈如貓行之輕移其步也

藏勢灣後膝❶ 指在運動時若後膝稍灣❷則所佈之勢勁自然藏勢蓄勁於內矣

殘柔近粘其 指對人須以殘勢迎之即不可伸直其手足不可突現其剛勁之謂也須以柔軟迎人

校注：
❶ "灣後膝"，應為"弯后膝"。
❷ "後膝稍灣"，應為"后膝稍弯"。

之堅剛使人之堅剛化為烏有也用此二字以進
圍近而粘之嘴上也
繾粘即推吐 指如進圍粘住復即須用推乃放勁
以迫人根斷而後即須連續用吐以發勁也
消肩不可遲 指運勁發勁時切不可聳肩若聳之
則氣浮而勁不沉故須消肩使氣沉着而加強也
內來援回救 指若對方之勁由我之內關承即須
攪字應之援者連也蓋有此連勁之內纏可以回
救身之被迫也
內外關摩相隨 指若轉至外關即用摩字以應之摩

者隨之勁也內中藏有捋之功用乃外反之勁也

9 順勢牽可用 指若對方發來之勁無論內關外關能順其來勢均可用牽字應之牽者乃引進之沉勁也

10 擒攔捺正直 指若改用指以成擒攔之手法採用捺字為宜因捺者乃手掌之按也由掌按以變指法祇須一轉即變為擒攔矣

11 逼彼吃猛勢 指者以結勁擠之使對方不得不應如能有應則牽動之勢成山間勁之剛流也

12 吞吐吸最奇 指在蓄發之中藏有黏勁乃為最奇

## 武當拳之拳譜

因能吸得人動為黏之功，此化勁用柔之法也。此拳精奇，不用猛力，文人學士，均可學習。此拳精奇所在，祇用掤勁，不用猛力，故文人學士均可學習此拳也。

究其理，十八字勢，按上中下、左右進取。指此拳用法均不出殘推援奪拿捺運吸拋托擦撒攬貼臺圓捧粘之十八字也。至於攻取之方位，總不出左邊上中下之三門與右邊上中下之三門也。

3上中宜緊 下部曲膝 舉身立腳 切勿用力

指用上中兩門宜緊湊其姿勢若下門以曲膝為主不許挺直其腿也至於舉身立腳均以輕靈運之不可恃之以力也

4直由子午 後曲前直 如十八字 各隨所宜

指用此十八字時能隨意應用以合其宜為上均以劃半圓（如子時至午時）而後直其性凡姿勢向後行須曲行以免對方跟進之謂凡向前發須曲中求直如放箭之直也

5殘推援奪 牽捺逼吸 拋托擦撒 隨手順意

指用此十二字能以意之所動隨手施之乃可以應用於人也

逼捺隨轉 借彼勢力 手到其胸 急推莫遲

指用逼捺二字之剛勁施於人時如遇來勢即隨而轉之以借彼勢之力亦即太極拳所謂擎開彼身借彼力也如手達其胸急速放之莫稍待以逝

去機會也

了攬不與鬥 貼疊更奇 彼來凶勇 圈捭敵之

指攬之而不鬥乃空勁之謂不與人鬥而避之也

貼者補勁也疊者反勁也補而反之為武當拳之

奇招亦即太極拳結而摺疊之根本也對方來勢凶勇以圈化之以捺點之乃手指之互用亦即太極拳所謂千萬不可離太極之意也

8以柔克剛 以疾克遲 以靜待動 以曲取直

指以柔軟克人之堅剛也太極拳所謂彼不動己不動此乃以靜待動之精神也彼微動己先動此乃以疾克遲之意也總之我持曲圓之勁取彼硬直之勁也

9任彼千變 我心則一 身正貌柔 意提氣吸

指任彼千變萬化我心一以貫之太極拳所謂鬆

靜專注一方也 身須中正 貌須安逸 意氣須換得靈也 呼吸通靈周身罔聞吸為合為蓄蓋氣吸則提得起 亦擊得人起也

性靜情逸 目定神怡 進生退死 畏懼不得

指性要沉靜 情要逸樂 目要專注 神要恬愉 進則近身可以制人 為武當拳之長 亦即太極拳之長也

愈近身則變化愈靈 若退則近圍邊為他種拳之長 易為人制 故有進無退 以用其長 毋畏懼以失其長也

入門手法 殘柔圜粘 繫正其身 千鈞以捺

指入他人之門用柔勁圍其手以求進粘於人也

此時姿勢須緊湊身須中正所謂中土不離位也

進圍後無論遇何重量之手先以捺字施之則人

必應應則粘自生矣

緊抑手從 足進肩隨 其中奧妙 瀟灑脫離

指姿勢務須慎密緊湊手之動作以從人為主凡

進入人圍務須上下相隨不可足進而肩不隨亦

即身不隨之意也其中奧妙在神氣鼓盪換言之

應瀟灑不著不可擊住人之身手而不放也❶

乃來有縱影 去無形跡 後其所發 先其所至

校注：

❶此字应为"揪"，揪住。

指人來雖有形勢而去勢須以內勁為主使外無形跡可尋為上彼微動己應先動之惟發須待他人根斷而後發也

卄字。循環 一能克十 一字不精 難以云成

指十八字訣均有循環性有以一克十之喻也內中若有一字不精則失去循環性難稱為練成矣

如視之如婦 奪之如虎 謹防跌失 方無差誤

指平時精神內歛發時精神煥發惟須謹防跌倒

為人所乘方無差悮也若現時太極拳內之跌义①

又名單鞭下勢即假定在跌倒中仍能以取勝也

校注：

❶应为"跌叉"。

〇七一

16 勤演熟習 護身有益 姦匪不授 切記勿違

指拳不在多惟在練之純熟則護身有益然切不可傳之匪人以貽伊戚也

照上列拳譜中所指之運用精義即欲強說武當拳非太極拳亦不能得圖其說也太極拳一項在現時因傳入京師後為環境關係已有相當發達若武當拳則寂寞無聞幾如廣陵散矣時人因名詞上之不同往①懷疑太極拳亦為武當派一支流未必完全能接收武當內家拳之精華也時人既有此種存心即或傾太極拳之拳譜所載如張三丰先生之遺留

校注：
❶应为"往往"。

等篇盡量公佈之而人亦將疑為杜撰矣天幸武當拳高有黃百家主一之歌訣遺留於世若研其精義與太極拳如出一轍是為有力之証明亦為學太極拳者得一有力之參考也但譜中各點雖意義如一而說法各別有時亦可令人得一確當參考之途徑如太極拳中之拔背通胸學習者有悞會為駝背者以壓迫肺部為通胸因是豈聳肩以出手矣若用武當之歌訣肩要捲緊壓之句祗須緊捲其肩自能得通胸拔背及沉肩之功矣牢記一點而三功俱得則通胸拔背及沉肩之功矣牢記一點而三功俱得則此種太過之病得以自免豈非說之上乘又如太極

拳以圓膛為主必須開跨以接腿節因不明如何開跨之法往口忽略過之在琵琶手一招中最易顯明駝背壓肺聳肩及逼拆其跨之病若武當歌訣兩股收其夾之句則跨自開且無鼓腰之病矣此武當歌訣之句則跨自開且無鼓腰之病矣此武當歌訣之善者如武當拳之三尖相照不過姿勢上可免出圍之虞即或做到三尖相照手不出圍而腰運勁上仍難免有出隅之病也若太極拳以輕重浮沉分類說明之不但姿勢上無出圍之虞且勁亦不致出隅也此太極拳譜較為細膩之處是為更進一步之研究矣總之兩譜各有所注重若探求根本之方法

校注：

❶ "开跨"，应为"开胯"。
❷ 应为"往往"。
❸❹ "跨"，应为"胯"。

武當拳乃盤而滾之為主太極拳係纏而圜之為主此乃二而一一而二之物能得互相對照自可藉他山之助以收精進之功矣

## 第三十四章 十段錦之散手與奧功五段發

武當拳術著之於書者有黃百家所著之六路十段錦註解得自王征南先生之傳授此篇註解較為詳細然其中六路有如太極拳之第一趟有六段相似惜歌訣不全未能証其是否一致或以為六句歌訣即為六路試思一路拳術之變化豈安能以此簡單六句即能包括此六路之變化乎惟其中十段錦一趟有十二句歌訣有首有尾堪稱完璧茲加以研究與太極拳第二趟可謂大略相同其中微差異者祇在名詞上稱謂之不同想亦南北兩

方習俗上有相異之處因是後人各有所轍謂耳試觀陳家溝所傳太極拳係第一第二兩趟傳至楊家後中間相距不過百年而第二趟已不見傳於楊氏門下此楊家規律在走架子及推手已習有根底後即授以散手以練發勁之法散手係每招單獨鍛練可連貫同式行之不可變化練之一招學完再授一招多數善言其勢樣而不能言其應用故學者不明所授之理因覺所傳姿勢有略相似者即歸併之以致愈併愈少所存者不過三三其招矣甚至學一趟架子及輕靈推手後即不復再習發勁之法

一旦冒昧登場無怪其措手無方也如人未學發放勁法一旦應用而能用發放勁法天地間誠無此理未免近於滑稽矣若考研當初楊家何以不傳第二趟而以散手代之之理第二趟中之各項姿勢發勁法已屬應有盡有惟因編組架子之關係內容不能過於重複以免失去美觀之感所以每一種發勁法在架子內所佔地位不過三二次而已於練習功夫而言仍有不够之嫌故不如折開專練之比較容易進步當時折開專練之動議誠未可厚非惟因年久易忘且經一傳再傳不免愈傳愈少耳此誠非當年

校注：
❶ "折开"，应为"拆开"。

折開①時所能逆料者也 如吾人在今日已習第二趟之後頗有同然之感亦覺有折開②之必要蓋不如是不足以盡發之效用也若在第二趟中挑選精華之發勁姿勢以多段專練之不期而然又與武當十段錦天然相合矣研究及此歡慰無量二十年來被段之祕一旦揭開豈非至樂遙想當初王征南先生或亦感覺有專練之必要故特創此十段錦以盡其用又恐年久易散故以歌訣記之且先生以盤所見長乃先生熟久智生劃然心開而獨創者也故十段錦歌訣內採用滾研者數見不鮮淅人以手摩弄圓

校注：

❶❷ "折开"，应为"拆开"。

物呼之為盤斫南方技擊喜用掌者多故歌訣中之滚

斫乃盤斫之基本也若考十段錦之發源係由第

二趟所折開而成者或係第二趟乃從先生之十段

錦加以連系後另加若干招數以湊成者此種先後

問題惜年代遼遠無法起古人而問之所好與練習

功夫者毫無關係可置諸不論倘吾人已習第二趟

太極拳之後再本楊家當初折開之意而專練之豈

非至善之法乎惟第二趟架子內發勁之姿勢甚多

何者可取何者不可取是又一問題按王征南先生

盤斫之用應取諸有一圜或半圜而後斫為最合用

校注：

❶❷"折開"，应为"拆开"。

所用步法當然以連枝式之跟步為最迅速之步法若言姿勢似以技擊應用上常遇之姿勢為上弦拳有十段錦歌訣在若按照歌訣之所指在第二趟中選擇之豈非至便之事乎既有此至善至便之機會急起行之規定為專門練習功夫之架子繼之於第一第二兩趟之後誠為有益無損之舉也至於十段錦之架子能否於功夫上極端進步得收所需人若常練則身手內之感覺自能答覆此問題矣茲按照歌訣與第二趟天然相同者選擇而成吾分段說明如下

一、立起坐山虎勢

乃取第二趟初式與進攔指路之姿勢天然係兩拳相對之斗門雙足站立務須低下如坐山之虎即坐馬式之牐也

二、迴身急步三追

乃取第二趟窩底炮之姿勢迴身內纏成拳背反而發之接連三上連枝步如追人之急行也按照原著詮解云本係連枝步因六路內此式為連枝步故改為進退歛步茲因太極拳第一趟內連枝步甚火故仍採用連枝步爲是也

3架起雙刀斂步

乃取第二趟中六封四閉之姿勢雙手掤住勁如雙刀架起之形(此勢現時太極多採用之惟不連續行之)此段接連斂步同樣之勢以前進于臂間掤促勁貫足以身法從手行用意發之

4滾斫進退三迴

乃取第二趟單雲手之姿勢(俗呼黃龍三攪水以內纏外反之精神左右滾斫進退之斫法係上圖中直下仍圓之形也轉身三次步法如太極第一趟拳楊家之玉女穿梭之轉變步法

5 分身十字急三追

乃取第二趟裏變之姿勢雙手合十字而分之步法交岔如絞花步向左橫三步係天然分身十字形也

6 架刀研歸營寨

乃取第二趟中串梭❶之姿勢前手掤住勁車圓往前滾研之用連枝步繼續進之故營寨者乃指原有出發點也換言之即繼續進至第一段之出發點為止也

7 繼拳碾步勢如初

校注：

❶ "串梭"，应为"穿梭"。

乃取第二趟中全抱捶之姿勢天然紐拳外發之形也碾炎者如南方碾米之形以足底磨碾而出以換步第二趟中此招亦係碾磨之步所謂勢如初者乃左右足倒換磨碾雙手以同一紐拳連貫倒換而再發也

8 滾斫退歸原路

乃取第二趟倒騎麟之姿勢前手裹纏而前斫之步用連枝拗步繼續前進至原出發點為止

9 人步韜在前進

乃取第二趟腋下趨之姿勢手畫一圈韜之而翻

上一步又上一步以發之換言之即每一腋下挑之招須上左右各一步如天然人字形之步也

10 滾斫歸初飛步

乃取第二趟纏熟帶闖及回頭當頭炮二招而成此二招之步係天然之飛步在飛步中而手含有滾斫之意轉身飛步而歸原出發點也

11 金鷄獨立緊攀弓

乃取第二趟中伏虎之姿勢爲天然向前緊攀弓之勁也加以金鷄獨立幷加以切地龍之姿勢運之則成爲前後緊攀弓之勁也

12坐馬四平兩顧

乃取第二趟中轉肱掌之姿勢（俗呼大肱拳小肱拳）係雙手左右兩邊搖擺如兩面顧視之情形也

膽用四平坐馬挪步後以進攔指路而結束仍還斗門之形也

此項十段錦編成所取第二趟之招多係天然相合而且為此趟中重要之招何其巧合也凡歌訣中有架字如架刀之字樣者均係掤住其勁不甚移動其干專以手領身用身法以走化也歌訣中有迴字者乃轉身以變其方位也若急步者乃表示連貫以急

行也若滚砑者即盤而砑之也至於連貫此十段之接頭姿勢以太極拳之隨方就圓無論順步或拗步之止點均可接連得上并且藉此以驗變換姿勢之經驗故不另行註明用何姿勢以連貫此十段錦也此趟架子優點除去歌訣有三追字樣者外均可根據練習時地帶之大小作發勁次數之多寡則每一段錦發勁次數當然加增三數以上不惟功夫不進步矣且此項架子可長可短可分可合無散手易遺忘之害有由開展以進緊湊之功誠為求懂勁時練功夫不可少之架子也惟練習時應牢記

王征南先生之盤斫乃先生自負迥絕手凡技之上者亦即太極拳之根本精神運勁纏絲勁蓄而後發也練此趟時一切動作務須緊湊純以內勁為主而加大彈性力求以氣動手微動由大而小為能在外表視之祗覺發勁而不見運勁等之大圈則功夫進步可觀矣所以非待推手後始能感覺此有需要之價值為技擊中高尚儒雅之擊法若授於推手之先此種緊小動作不但內中空空不能運用即外表亦無意味可言若言氣功發勁之原則按照十段錦內之定理距離愈近則發放之機會愈多惟發放之彈

性距離若近則發之愈難此為天然之比例無能越
出此理者也前章所論繞紐勁推手乃使己身氣功
旺盛不為他人力量所開可以走動即己足矣此章
乃使己身氣功充足能鑿開對方之力脫扣而出自
由發放此較前又進一步功夫矣
綜之此二章均居太極拳中重要之地位為推手後
不可不練之功夫架子不然屬撞勁深明對方之來
勢去脈覺有可乘之機苦為對方況重之勁所壓迫
方法雖善惜資本不夠仍不能使方歸於殲滅地蓋
發勁距離愈近則需要氣功愈宏如其不能則己氣

校注：

❶ "绕纽劲"，应为"绕扭劲"。

易為人之力所閉乙氣又無法以鑿開他人之力矣

是以練習太極拳應知掤勁有基本限度方可以過

旋於人也所謂基本者乃指某項手之距離一級而

言如在尺級內氣功已達旺盛之境稍縮至九寸略

可應用如忽縮至八寸則所發之勁決無鑿人之能

矣故十段錦內所用研發等手法非在某一級已臻

旺盛不可減少距離須知

尺級則有十寸須由九寸漸至一寸之進修

寸級則有十分須由九分漸至一分之進修

分級則有十毫須由九毫漸至一毫之進修

照練習者功夫而言人若至數分之境即可脫離發勁上之動作專以氣功應人之勁矣則擊發人時內中效力決非傍觀者所能知矣[1]

按照太極拳氣功練習之程序先藉乎足之圓形動作以心行氣溶和氧氣於其中隨之而動動之愈久則內中氧氣之增進必愈旺盛久久自能以氣運身矣換言之起初本是氣隨姿勢而動作待進步後則氣之圍走可以心意指揮之無待姿勢之補助矣若再久練之漸可脫離心意之驅使用神亦可得之蓋神之為用可由小腦任之其速度比任何心意為速

校注：

❶ "傍观者"，应为"旁观者"。

能在無意中以化發人也拳經云勁斷意不斷意斷
神可接此氣功神化之學所以為貴也

## 第三十五章 太極拳三種主宰之合論

腰脊乃拳經所謂第一主宰也，換言之即一切運勁根本莫不運之於腰而一切發勁根本莫不發之於脊也。此腰脊二字居於運發兩者之中而為之主宰焉，盡如車輪腰如車軸，若車軸不靈則車輪當然亦不靈。一定之原則也，倘車軸不靈并且不正而有灣曲之情形，則車輪轉換自不能正且易受滯矣，所以腰須鬆開而不可鼓勁為第一原則，如能鬆開則是車轉換象也，不然即不能靈活成為鼓腰勁之病矣，設或腰勁雖能鬆開因不能正直則稍轉至灣處必致滯滯運笨

校注：

❶❷ 应为"主宰"。　　　　　　❹ "湾处"，应为"弯处"。
❸ "湾曲"，应为"弯曲"。

仍等於未鬆開矣譬之腰曲於左則左必受滯曲於右則右自不能活動矣故腰鬆无須不使屈曲偏於一邊而後左右前後自無受滯之處可以旋轉自如矣若脊者因居全身之中心為氣血筋骨之總滙有發勁而後推動手足均有發射作用隱於內矣所以拳經規定力須由脊發之理也如求脊能發須脊有彈性如求脊有彈性又須脊骨之背椎有拔長性因有拔長性而後可以貫串手足之勁同時發生外彈性也此練習時必須常拔其背之理也但拔背必須腰推及尾閭能中正即長於腰部之脊須中正而直立如大纛旗之形乃可收

到腰往下沉背往上拔之功此腰不可曲之理也若腰曲則下無沉勁袛能拉摺一部份之脊骨以伸長去拔背之功甚遠也若人之身體背部與胸部同居身體前後之一部如後邊拔背則前邊含胸自所不免矣此拔背含胸爲連帶關係之理也所謂含胸者非凹胸可比乃不許挺出其胸中含蓄之意要求不凸凹以歸於中直如砥柱之意也若胸能中直而不凸凹以科學內之力學證之係屬一種抵力 Compression 倘胸部之本身上下之胸骨發生抵力則背之上下自然成爲拉力矣 Tension 亦即天然拔之勁也（如第一圖）如胸凸出則

校注：
❶应为"往下"。
❷应为"往上"。
❸"一部份"，应为"一部分"。

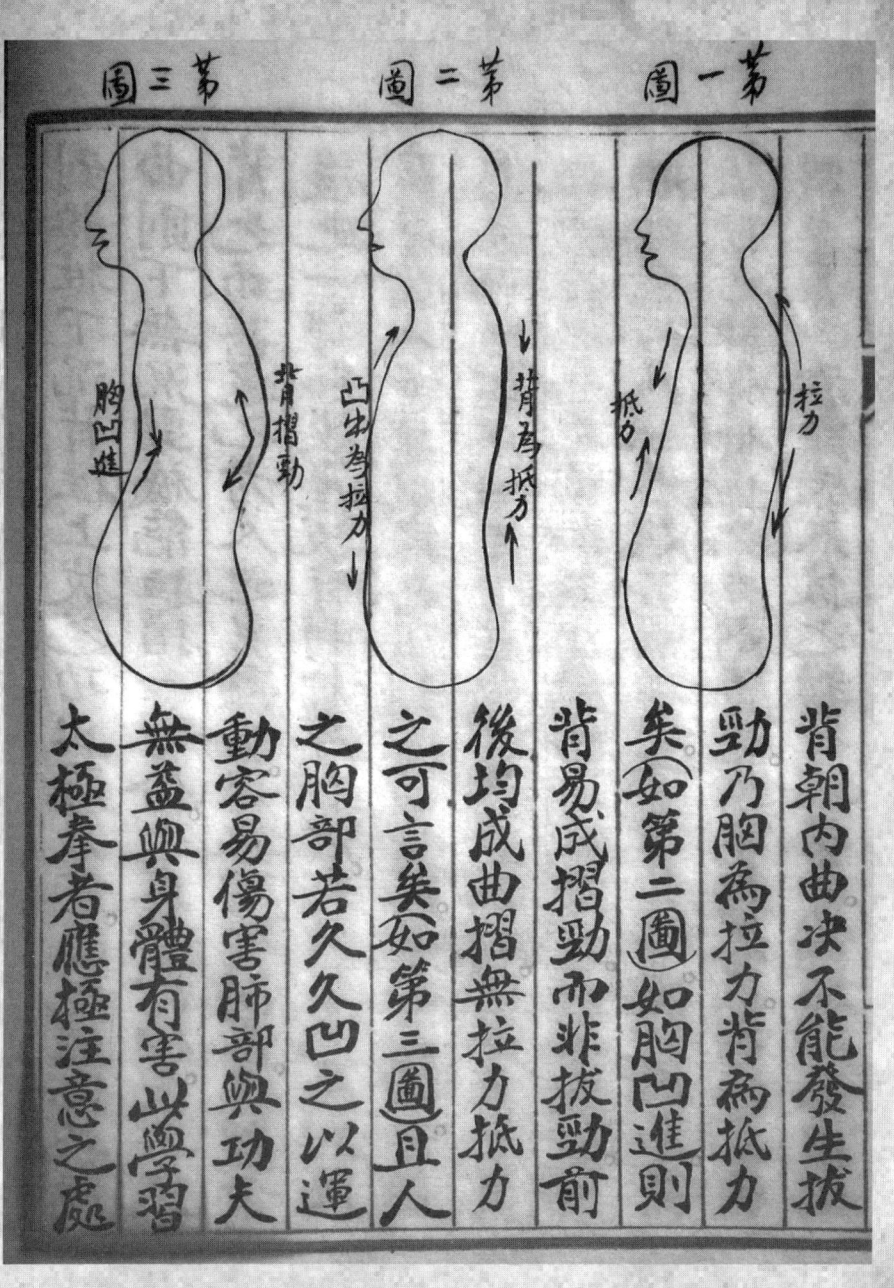

背朝內曲決不能發生拔勁乃胸為拉力背為抵力矣（如第二圖）如胸凹進則背易成摺勁而非拔勁前後均成曲摺無拉力抵力之可言矣如第三圖且人之胸部若久久凹之以運動容易傷害肺部與功夫無益與身體有害此學習太極拳者應極注意之處

也盖差之毫釐失之千里不可不慎如人祗須顧全胸
部成凹狀則後背當然駝其形也若背駝則腰勁不能
不鼓是腰勁已失去活動力矣因是連帶跨亦生摺遍
矣跨若摺遍則勁出臀外一舉一動而紐臀之病在所
不免矣因是氣亦不能下行而貫串於腿矣是以一處
有病而連累全身處々生病過與不及均非所宜也故
武當拳禁犯病內如禁止腆胸者乃表示不許凸出其
胸之意也太極拳規定必須含胸者乃令合住胸不許
凸出亦非令其凹進也二者原意則一然武當之說法
較少流弊然在個人自己練習時不易覺察胸部是否

校注：

❶ "带跨"，应为"带胯"。
❷ "跨"，应为"胯"。
❸ "纽臀"，应为"扭臀"。

得中正之功故以丹田為第一實輔也若體氣能沉得下至丹田則胸部自能不凸不凹而合竅矣凹胸之病乃練習太極拳最易犯之病不但肺部受其壓迫即丹田亦因是壓摺而凸出氣亦無法導引以下沉矣以氣能沉與不能沉而驗之自能得其中正之功如胸得中正則抵力生而背自拔背若能拔是身體已得中正之證無俯仰之病矣但人之頭項居於身體之上根生於身體之中凸出於身體之外項細而頭大項活而頭鬆因頸椎之項為最易活動之物容易左右傾斜前後俯仰因是最易連帶使身體牽動不正故調整身體之後

按照拳經以猴頭扁第二王宰①即將人之頭頂再加以調整也所謂猴頭者因猴之頭頂天然有虛領頂勁之功因以取之為喻也何況求懂勁之功夫必須能秤量對方勁之大小輕重凡習太極拳者莫不知之若考其秤法係以手為左右二盤也由脊骨而下至尾閭比作秤之根株頭頂者即持以平正兩方輕重浮沉之準頭也拳經云立如平準活似車輪亦係由頂至尾閭必須完全如一條線之謂也而後手中輕重浮沉分厘毫絲方能顯然有別矣然人之頭頂重量超過於手又居於身體之上左右傾斜係屬天然習慣欲令之中正不偏

校注：
❶应为"主宰"。

誠為難矣故欲得中正之法須減去頭之重量為第一要義而後方可得輕靈中正之功其減輕方法是在神有向頂之貫勁則項順而不致傾曲容易使頭頂中立於正此即虛領頂勁不可少之理也蓋上有虛領之意則頂不易傾斜而項為拉力上下一條線之功自得矣換言之即頭椎背椎腰椎薦椎及尾椎完全居於一直線也但有時因對方來勢有高低之關係容易影響個人背椎發生不正之勁故以手指上下為調節之器因手指之上下與頂之俯仰有相互之關係此所稱手指為第二賓輔也換言之胸椎有時因對方來勢微曲之

然可用指調之若腰椎須如大纛旗永遠為直立不偏之物譬之為根柱如根株已得中正椎頭爲已中正矣所以拳經稱地心為第三主宰乃腿與足之修正法也所謂地心者乃雙足踏地之中心也按照學理證明根株於基於雙足而雙足係分開而站立者則踏地之中心點當然以足之內部及足之根落地為正當為得勢如是可使身之一條線勁至恥骨均之為二以貫於下也雖然有此規定但足上之腿為下肢骨節之主若安排不宜足以影響地心之挪動也此練習時一舉一動萬不可有外擺膽病之理也若有外擺膽之病則膝

第三主即可求根株下足基礎是否中正矣

校注：
❶应为"主宰"。

向外纽气①亦不能顺逐而上部之身亦因是牵动而浮虚不正矣所以欲免外擺臗之病必須雙膝合住勁亦以保全地心在足跟內部及後跟之法也雖然有此規範有時因轉換姿勢時膝部常有微向外擺而不自知之處故以足指為第三賓輔也蓋足指與手指不同其大指之勁超過其他四指若大指以抓地為念則踏地之中心自不致挪移外部而斜向外傾此足指乃地心之調整器也

學者如能抓住以上三種主宰及賓輔以走架子或用於推手則姿勢上之變化自可免去傾斜之患及凹胸

校注：

❶ "纽气"，应为"扭气"。

所生之病而不得不歸於中正之勢矣推練習者因不明含字作用往往含胸太過成爲凹胸以爲此係太極拳獨具之功用而不承認爲病致腰鼓臀紐跨逼肩聳等等病連帶發生而不覺矣如是則全身之勁團住一起無靈活之能不待他人加之以勁而不能化即自己運時亦不能得勢且有搖口欲墜之患矣外人不察疑爲此等駝背壓肺與衛生有害之現象乃太極拳拳譜規定之姿勢係屬創造此拳者之錯悞致不知乃因悞解拳譜而生太過之錯悞也內中如琵琶手一式尤易顯明此種錯悞之作用如果認定三種主宰作爲姿勢之

校注：
❶应为"往往"。
❷"纽跨"，应为"扭跨"。

南針腰正則頂易正地心正則身形易正三者有互相之關係缺一不可若欲成為太極拳體用俱備之專家則三種主宰❶務須做到而後種種姿勢上之錯悞自然而然不致發生矣奉經五十三總勢莫輕識命意源頭在腰脊尾閭中正神貫頂滿身輕利頂頭懸身形腰頂豈可無缺一何必費功夫腰頂窮研生不已身形順我自伸舒云云為此章之寫照也。

校注：
❶应为"主宰"。

# 第三十六章 太極拳氣功之專論

凡拳術內如無氣功作用寓於其中決不能號為上乘國術此因修練之程序關係氣功一項決非一時所能成功必須步步前進最後乃能合於技擊之用

蓋技擊之精神在彈性有彈性之功能以寸數之距離以擊發於人則發之機會必多容易牽動對方無須換着立即可用自無費時費勁之處矣如無彈性則須藉關節之力伸縮以擊人此種關節力量之突出非尺數外之距離不能生效因尺數之關係則變化遲緩予人以脫逃之機會兩者相較自能知其優

為查氣功生於彈性彈性生於掤勁掤勁生於氣功氣功為精神意志所左右有此精神意志乃可使氣量增長氣流活潑而後號為掤勁有掤勁則氣能貫串於關節骨髓內自然身手內有彈性矣有彈性而後用於近距離之擊發可以運用從心此所以必須遵照以心行氣以氣運身之理也惟氣功種類有二不能混為一談

一、死氣　死氣者即所謂蛤蟆氣功等之練習是也此種氣功將氣運之於手臂內一點貫注不動皮膚隆起不虞人擊即擊之亦不覺痛為失去知覺之氣功也運時必須多方姿勢以動之逼氣以行之不能隨心意之動即達該點若欲散開亦須經過多方運動方可散開此種氣功練時雖不一定全閉呼吸然須停留氣之大流通微微呼吸方可停留該點非行多次運動方能加足氣量而皮膚隆起如果在該時發生一笑等舉動則氣不能止住該點而散開矣久久行之雖可增加氣量乃係強制而非自然稍一不慎足以傷害肺部而有餘如近女色者則更不能練習矣氣此乃與體育原理違背之功夫也除去賣藝者流甚少練習此項

校注：

❶ "发生一笑"，应为"发声一笑"。

死氣之功夫蓋即練成無非為善於挨打及不怕痛兩者而已也

二活氣 活氣者即孟子所謂浩然之氣至大至剛乃順生理而成之氣也此種氣量平時佈於全身人之身體內血液之新陳代謝無此氣不能將血液內炭酸洩出而補以新鮮血液練此氣者就人身原來自然流動之線路使之活潑無滯周行全體導引血液循環之一種補助也因人之身體內不隨意肌之五臟六腑其活動根本向不受意志之指揮非人之力量所能改善如欲之

則惟一要求是使氣量充足貫串於內活潑異常耳故人雖不能指揮此不隨意之肌然可以指揮氣氣受意之指揮則流動迅速以洗刷此不隨意肌內之障碍為衛生上不可少之功夫人能得之而善用之則至大至剛加增氣量乃人生不可少之氣亦即太極拳所求之氣功也若與宛氣相較其功用誠不可以道里計矣兹將太極拳必需氣功之理各條說明如下

〈防人〉則不准用力以免失去學問之道專以力量是視而為力大者勝幷免發生頂抗等病須有掤勁

作用掤勁根本既在氣功如無氣功主宰於內則己之勁僵何能有掤勁何能防於人乎

攻人則不准用力以免力落於空則傾斜而失敗立至矣若用彈性則自身重心安定運氣於四肢以發之預先立於不敗之地若無氣功則不能生彈性豈非以力攻人乎

3（勁之變化）勁欲化人須將勁變成柔軟勁欲逼人須將勁變成堅剛此種剛柔變換亦是氣功在內為之主宰氣隱於內則柔氣顯於外則剛倘無氣功在內主持安能隨意以調節此剛柔乎

校注：
❶❷应为"主宰"。

牛劲欲令人根断须劲中有轻沉变换之作用以加对方乃能使之摇々欲动以断其根也而此轻沉亦是气功在内为之主宰①气归丹田则沉神贯於顶则轻如无之安能使个人手中忽然生出轻沉之变化手

总之以上四者为太极拳重要之骨干而无一可离开气功如无之则所出之劲决非太极所用之劲矣

因是练习此拳者对於气功岂可置之而不加以研究手研究气功方法约有数点如下

一使气不受激刺

校注：
❶应为"主宰"。

2.使氣要定
3.使氣量加大
4.使氣度加強
5.使氣服從意之指揮
6.使氣行加速

以上六者第一第二為養氣第四至第六為練氣二者互為其用能養不能練則氣動後不能制能練不能養則散失等於不練茲分為養氣練氣兩項說明如下

(一)養氣 養氣者乃使身內之氧氣不發生急遽變化以

免遭受損害，務使氣順血液循環由心意可以控制，一切以調節慢速之謂也。故養氣者對於酒色財氣均應有所統轄而後方可達到養氣之地位也。如

1 嗜酒 過多則醉，則氣浮氣若長浮足使氣之本身搖蕩無定也。

2 好色 過甚則虧，則氣散氣若常散足使氣之損失殆盡而無氣可養矣。

3 貪財 則易致不義而心勞氣拙氣為得失所牽制足使氣不能揚久必自餒矣。

华慈气，则不合中之气常动而理智日弱，动多则气伤而日益衰耗矣。

以上四者酒能使气浮色能使气散财能使气馁气能使气伤而四者之中尤以气为最难制。观古今善养气之君子酒色财均能与之隔绝而不为所动然往往❶失败于气盖气与其他不同须先求有气而后鼓起此气向前迈进以先大事业尤须使此气能至大至刚以得其用此专指有气而能节者言也若无此气则近于麻木遇事退缩无振作之能力有颓方外之人与世无涉者矣试思一

校注：

❶应为"往往"。

方面既求之宏大而另一方面又須能節之非此其他能離開即可視之易也況氣既求能至大至剛若無根深之修養力則不易駕駛之是以能善用之則利不能善用之則受害矣非此酒色財可以使之減弱或堅壁清野不與之為緣即可免其侵害之此也故本章專言氣而不及酒色財因其利害輕重有別也查奉經云忌飲過量之酒忌近不當之色忌取不義之財忌動不合中之氣云々此氣之所以發生急遽變化以致受傷者多感受外界激刺而來氣受激刺則狂放無主退縮

不前該時理智失去控制力量薄弱是為不合中之氣蓋人身交感系之力量奕然漲大壓倒大腦脊髓系之故也且因氣之狂放喚起情緒則腎上腺分泌即變急流而有機體之心跳速度與強度同時遽然增加身體內大血管狹壓力以緩行之血液因是急歸心房血液循環因是大加速度矣其時胆部亦受影響排出多量之糖質液入於血中而後四肢之筋肉得以非常之滋養料故能担任超過平時之動作其腎上腺之分泌得以保護肌肉以抵抗疲勞之攻擊亦提高其力量矣然經

此一度刺激後因非自然之關係不能持久過後必受過度之疲勞因氣受激刺而受傷自必轉為衰弱也故不善養氣者則狂放無定則氣之消耗豈可計乎且內臟久受此不規則之激盪遭受損傷亦難免矣故養氣者必須理智堅強足以控制此項不合中之氣使之就範此為克己之功夫雖然理智堅強有克己之法在然究不如對於激刺之事坦然視之變為不激刺之為善此為涵養之功夫也惟涵養之養成須經過再審經驗方能有成換言之

凡人初受一種激刺①情緒未有不受攪動者若經過同類之事一而再三則自然日形淡泊而不覺激刺矣惟人生數十寒暑安能事事受過再審經驗此所以勤修學問將書中古人之經驗受之以為己用不當以古人代受此激刺也此理智生於學問之原由也

一如能明白對方故意激發於我我若生激刺③是為中計則氣自可不動矣

如發覺對方乃無心而錯發此項激烈之言應諒其無知又何必與之計較以動其氣乎

校注：

❶❷❸ "激刺"，应为"刺激"。

3 如能察知對方係一傲慢者用言激刺①他人是其天性即與之理論亦不能了解則又何必與頑石爭氣哉

4 如能了解對方因受他種激刺②故出言無序亂激人心此應恕其可憐又何必學彼所爲與之爭論哉

凡此種。乃克己功内之矯正法乃將外來之事施以反面觀察以資減輕其激刺性也是以有修養及有閱歷之人以飽經世故之關係而不易爲人所激起職是之故也君能不受外界之襲侵自可沉心靜氣運用理智以臨事物此養氣應有

校注：

❶❷❸ "激刺"，应为"刺激"。

之過程也。惟世界人事萬千，雖知其修養之法不能，即謂能善用其法也。有如拳術架子雖會運動氣之線路，如未曾下以苦功，不能即謂之已精於此拳矣。蓋無專心夫志之練習多年磨練之經驗，一旦襲來仍不足減少其激刺之程度也。

(二)練氣。練氣者乃使氣服從心之命令，加大量度增加速度之謂也。孟子曰：夫志氣之帥也，氣體之充也。夫志至焉氣次焉，持其志無暴其氣，此即太極拳所謂以心行氣，在意不在氣，在氣則滯是也。孟子又論其為氣也，至大至剛，以直養而無害，則塞於天地之間其為氣也配義與道無是餒也云々乃係理智純潔無所私欲則發之勇而量度宏如不配於道義則根本不堅而氣不餒矣乃氣不能偏之現象理不直則氣不壯此換言之氣不能圍意志則天君泰然而後百體從命乾剛有獨振之能可驅使此氣就其範圍動靜開合緩速起落為意之命令是從乃為練氣要求之最高點也太極拳以心行氣務令沉着方能收斂入骨氣貼脊背乃能收斂入骨髓云々乃初步求氣能服從心之運用使氣入骨則關節內自然亦連帶而貫入

矣此太極拳運使須慢快相間以求氣能沉着而斂入骨髓之故也太極拳有斷接之變化即以氣功作中堅乃試驗氣之速度能否遵從命令接此斷點此若接非其時則失機為氣之速度不够之証也太極拳有剛柔之變化乃進一步試驗含晝之氣外顯內隱能否服從命令以變換也太極拳有輕沉之修練乃試驗氣功通過丹田散至四肢之長距離能否以意指揮佈滿全身之練習也太極拳之繞紐勁推手乃試驗氣之量度已否達到體之充也以上五種練氣法莫不包含於太極拳

校注：

❶ "绕纽劲"，应为"绕扭劲"。

功夫之中一舉一動均為氣之運動所謂以氣運身務令順遂乃能便利從心是也茲再簡明闡發氣功受意志指揮之分類如下

(1) 走架子之有快慢是使氣流沉着不浮磨練以加增量度也

(2) 走架子之有斷接是使氣流增速接續無已以延長其氣也

(3) 走架子之有柔剛是使氣流內隱外現活潑變化以增加其彈性也

(4) 走架子之有輕沉是使氣流由丹田收發佈滿全

(5)推手之有繞紐勁①是使氣流受以試驗己否夠量以防對方閉鑿之勁也

經過以上五種修練在技擊上言之可以供防人攻人變化根斷四者之用而此五種均以意志發施號令則不患意志不作氣之帥意志若居其位則指揮有統系一旦外部激刺②襲來己身之氣若發生不正當之變化可以將常居於帥位之意志刺導以恢復之不愁意志為浮氣所包圍以喪失自主之權也

校注：

❶ "繞紐勁"，应为"繞扭勁"。
❷ "激刺"，应为"刺激"。

綜之以上養氣之道假定為文練氣之法假定為武欲得上乘之功尤賴文武并進孟子云志一則動氣氣一則動志是兩者均須兼顧若善養不善練則不合中之氣一旦勃發或餒落無法使其恢復原狀何況一飲一啄均有遭遇之可能乎意志之帥若無節制之能伸縮調劑之法安能時。施以防禦而不令之入乎一待攻入行見束手不能行使職權即或事遇情遷恢復原狀但事已失敗即欲補救巳無及矣此指善養氣而不善練氣而言也

若善練而不善養雖可抵禦對方身手內之氣而無

法抵抗對方精神之襲入致氣為精神所傷即有治法而不知用法勢必快々於心轉為疾病嘗觀夫著名有氣功之國術家一旦為人所侮或因微末之事而生齟齬在常人視之本無足輕重而在練有氣功者因理智之不足無再審之經驗意志不堅不足以指揮此膨脅之氣致無法擺脫終至悶々而亡實繁有徒此乃知練氣而不知養氣之過也可見兩者缺一均興氣功有碍不足以超上乘而兩者均以氣為主尤以心平氣和是高氣不和則心不平是乃心失去控制力量之証此故欲審問能否以心行氣即以

校注：
❶应为"蓬勃之气"。

氣之和不和作偵查之標準蓋人之身體因運動過久則熱口則氣流速行而血液循環增於是呼吸急促是為生理之發動機所促成氣之病也如精神受對方激刺則腎上腺分泌成急流血液急歸心房於呼吸驟形急促是為精神之發動機所促成氣之病也

以上氣之病雖一而促成氣病之發動機則二一為生理一為精神兩者之病象現於外者均為呼吸急促如能調節呼吸實行深長之調息法使受激刺擁起之氣或運動過甚所起之氣盡量收放則氣自歸

校注：

❶❷ "激刺"，应为 "刺激"。

常度矣因此兩種發動機有互相之關係甲增乙亦增甲因乙增而再增於是愈增愈高至於極矣若甲增乙不增或乙增甲不增甲不能持久亦漸口下降矣因乙之減則甲又減矣愈減愈小以至於無矣太極拳所求之氣功係欲以精神力量管理此生理之機生理受精神支配既久則精神權力漸高是精神健全不易受傷祇存有被氣包圍之一連矣

(1) 講求神受論半

(4) 練半生理之氣

(3) 練半生命之氣

(2) 練半心靈之氣

心

久之蓄揚央
收斂則精神
健健則不易
收傷昌易長
氣功夫

久之運動◯氣不急
促而机平然不急促訂
考誠少并高之举是
考練氣功夫

氣之本身經久練則健健則氣不易受傷祇存有精神所激起之一途矣如是精神與氣之本身均屬健全所應者祇受外界激刺❶之一途耳此種激刺❷可以使人之氣

1 暴發上升
2 餒衰下落

此種氣之升落現象均失中和之道乃精神爲氣所左右理智失去自主之力不能自由運用之情形也

人生在世外界激刺❸無時無有但欲激刺❹此修養兼全之精氣神者則不易也蓋經沉着鍛練修養有素

校注：

❶❷❸❹ "激刺"，应为"刺激"。

不易使之上升下落以包圍意志按照第一圖精氣神健全者即或遭逢包圍祗有一半激刺已減輕分量矣生理上亦為一半不致急遽變化矣而理智方面亦當然祗為一半也有其餘一半理智在則可以本上列之法則用以調節之則勇者不懼智者不惑不慈此一半變化之氣不能恢復原狀此人有氣節則可任艱鉅之理理直氣壯不卑不抗❶無故加之而不怒卒然臨之而不驚也己身之氣常保中和服從理智之指揮全持己身有節之法也試觀純粹專門太極拳家性情溫和不帶暴戾粗俗之氣不作踽促

校注：

❶ "不卑不抗"，应为"不卑不亢"。

不安之態，無暴怒之時，無氣餒之病。知此則可以判斷太極拳氣功之價值矣。

# 第三十七章 較手時心記之五字訣

太極拳之有推手乃求懂勁懂勁者乃雙方以勁相過旋時能知對方勁之來源去委先事應付據其上遊控制其要害而預爲備之預爲創之也如二人較手則決不用推手之形勢以相答問此可証推手爲較手一時間所遇到之現象不能謂能推手即會較手也因其較手自身應有先事準備之精神及其姿勢有此精神及姿勢方可以分清對方之姿勢及精神所在并可防禦他人乘隙而入世間事必須攻守相助有能守之姿勢而後方可攻入他人圈內此所

謂進圈法及初沾之五步推手也能進至圈內方可說到推手也推手後尤不宜週旋不決似應在懂勁之時即用善法以處之否則何貴手有此懂勁哉故懂後有畫畫後有發能發出之後方成一結局也亦可見懂勁之推手在較手時間中祇居五分之一耳不能得此五分之一之推手即可號稱已得太極拳之技擊功效矣按照拳經有五字訣為最後心記之五字無論對方是本門而非本門均不能逃此五字之外內中徑字尤為太極獨門之寶茲分五字說明如下。

敬字。指未接觸時心中常存專一之念而不亂顧提起精神專注一方整齊嚴肅貌和神聚以對待於人此敬字之功用也無論對方如何均應以大敵視之蓋輕敵者必敗獅子搏兔尚用全力應使精氣神有所集中遇有較手時應有頂懸目注之勢使人精神意志專一不雜故以敬字為首刀較手前之必要準備也（敬字主要在精神上注意）

繁字。指將接觸時意活身靈門戶緊湊不令所運形勢散漫無章致生空隙為人所乘所有變化守備嚴密有層層設防之意有機則攻無機可保此在將較手時應有之緊湊安排也況太極拳之蓄發精神全身節節均可用以擊發即在嚴防於人形勢下亦能擊發故無須大開大展致被人乘隙而入無法應之此以緊字扁接觸時之心記條件也（緊字主要在姿勢上注意）

徑字 指正接觸時以沾黏之勁沾住對方最近己身之點而連隨之化走相換不可舍近以求遠也

與人較手時對方伸出之身手最凸出近己身者即選擇其凸處直接了當以沾之如根生此處不丟不頂以應之不必繞道外走不必顧及他手反

致顧此失彼開門捉影易為人所乘也能沾住一點後即以此點作半徑之中心無論如何變化而不離此中心或以身就手或以手領身沾即是走走即是沾此為太極拳最高之原則也蓋太極拳愈近對方之身亦愈能得機得勢以徑而沾最為特出之長也（徑字主要在沾黏上注意）

勁字　指己接觸時氣斂勁掤剛強不屈弓扣弩以待發也與人較手既已沾住則走化當先走化後即須卷勁由卷勁而入蓄勁均須有掤勁而後為勁弓為勁矢凡開弓放箭之法走化卷蓄之方何

一、非勁舍藏其中方能生效手故與人沾住後即須以勁字代表全身五弓均有彈性使之不偏不抗周身無有缺陷隨時可以作發箭之準備也故心中常存如勁草草勢方可不畏疾風之襲也（勁字主要在卷首上注意）

切字 揩接觸後得機則擊得勢則發如快刀切亂絲也所以用切字以代表之理蓋切之勁乃之圓勁最後發勁斜向前進以切下也乃太極拳之根本發擊之姿勢故在太極拳之發勁乃像向對方後足跟發去為最適當之度數對方如受此種

斜度之勁容易躍起而根斷此其奉著之勁狀如刀切之遊邊而最後之切下有如放箭之勢意到手到而勁到速如聲響最為確當代表太極拳之擊發也（切字主要在放發上注意）

總之以上五字為二人較手時應知之五字無論對方係何種拳術均不能離開此五字之理如敬緊二字乃屬己身之準備及鍛練時應修之課程如第一級三十五字訣及十八字訣均可以敬緊二字代之矣勁切二字乃屬於對待於人之必要術科如第二級之十二字訣均可代之矣徑字為太極門之推手

功夫其終日推手逢人推手者無非求能在各個姿
勢勁別之下發生沾黏連隨功夫歸根乃係供給徑
字之需要而練習也此為舍己從人之根本知己知
彼之精神拳經云本是舍己從人多悞舍近求遠此
未能用徑字之謂也

第四集

## 第三十八章 太极拳练习之程序 修功夫

凡一种学术之练习根据科学精神必须有数种方方法①使学习者按步而进不墨守一隅不越级而进以求得引入正途之功在太极拳本係一种专门拳术目必有其专练之法及应注意之点决非墨守不化目初学至大学纯用一种精神也亦非由初步稍学几日即可越级而懂劲也盖太极拳之懂劲者乃太极拳最后毕业之课程也懂劲后愈练愈精默识揣摩渐至从心所欲此乃各人造诣之不同係由个

校注：

① "方方法"，应为"方法"。

人悟心智慧所關不可強求有如由大學畢業得再考博士學位也故練習者以求至懂勁為止境乃教授者之責任懂勁後祇好聽學者自行覺悟因至此境界規矩已完而在其聰巧以自練之雖欲教之亦無法以說明其教授法也蓋個人身手之感覺可意會而不可以言傳雖說明其要點而身手無所感覺亦不能領會其說何能引証其言也故本篇程序祇至懂勁為止境按照拳經懂勁者須能引進落空合即出沾黏連隨不丟頂任憑巨力來打遮牽動四兩撥千斤

以表面觀四句亦不覺其中有何困難蓋能將對方之勁引進入自己圈內而使之落空則對方根斷然後因沾黏之靡（動）以四兩加之即可撥去千斤之重量矣言之甚易得之實難況此種概括之語初學未懂勁者未由領悟故須有步驟有方法以説明其前進之路而後方可日漸有功茲按照拳經分為十級自審至何階級學者可循此以進也

第一段　較手之最高點

一故欲懂勁必須能引進落空四兩撥千斤

引進落空乃是合（彼）卷蓄之四字總之曰化勁

四兩撥千斤乃是引放發之四字總之曰發勁處於何時應合後卷蓄處於何勢應開放發
靜非知彼不能適其用非知己不能運其法是以不能知己知彼何能引彼以進自己之圈內而使之落空哉何能加之四兩之勁即可撥開千斤之重也故曰
欲要引進落空四兩撥千斤先要知己知彼
因知己乃由運知而後動覺像鍛練有素之後
一舉一動可以知覺己身勁之所在氣之所行
如欲知彼又須在知己之後所得因能以心使

乙身從心之變化以從人方能感覺人勁之大
小輕重惟感覺之生乃因人之動作己能沾黏
連隨之後而生隨方就圓隨曲就伸因能隨方就圓
能辨人勁動之方向而後知覺人之意念如何
來去如何長短如何若不從人則由己是為主
觀有主觀心則滯能從人則為客觀有客觀心
則活故能從人手上便有分寸可秤彼勁之大
小矣故曰

3欲要知己知彼先要舍己從人
能舍己從人方能知己知彼欲得成功須能舍

己從人但人之失敗亦在舍己從人因從中自
有分寸若盲從不修致陷己於不拔之地而無
法自救其身反受從人之害矣故舍己亦應有
一定範圍過此範圍則不應盲從以害己從中
略加變化而後再從之如是方不爲過所謂過
者因輕於從人不顧己身致陷己身於不得勢
之地當然無得機之時此乃舍己以徇人矣故
欲舍己從人須在得機得勢範圍中行之無論
對方如何形勢均可從之過此即須轉換後方
可再從之此所謂得勢爭來脈出奇在轉關也

故曰

欲要舍己從人先要得機得勢

得機在力走上游手據人手之上因人之根在

下此欲人之下根斷或起非據上游不易得勢

此得勢在己身上下相隨中正不偏無俯無

濡運各節均有防禦之餘地各方均有移轉變

化之可能此指二人較手時己身應有之機勢

也惟己欲得勢而對方亦何嘗不思得勢雙方

各求得勢優者勝不但己能得勢并且反予對

方以不得勢而後有機可乘方為上也是以欲

思得勢必須己身有周身一家之能而後方可變換化走以從對方之變化也所以拳經稱得機得勢是二人較手之起點若能周身一家是一個人走架子之最高點所以非待走架子功夫已至高點能夠一動則無有不動一靜則無有不靜而後方可學習推手以求較手時仍是周身一家也故曰

5 欲要得機得勢先要周身一家

第二段　走架子之最高點

凡練太極拳架子者能於練到周身一家是為

最高之目的盡個人練習之能事矣至此地步
周身夭矯不群如遊龍如矯鳳似鬆非鬆將展
未展有行手不得行止手不得止之勢節節貫
串式式相連全身均有蓬勃之勢轉換均係順
遂之動無缺處無滯處無凸處無陷處若身有
缺陷處則偏折不連成為周身數家矣若欲一
家如長蛇之陣須周身不許有絲毫缺陷其間
方可節節貫串倣①咸宜也故曰

6 欲要周身一家先要周身無有缺陷

周身有一缺陷即是有一處已折斷矣人身最

校注：

❶应为"往"。

易缺陷之處上在肩下在跨①如肩眼現則手與身為二跨骨鼓則腿與身為二是周身三家矣故欲成為一家必須在肩跨②上極端注意無使有鼓處有遍處全身成為緩和之曲線各節均有相當之灣度④此是周身無缺陷之現象也惟外有缺陷容易改正若內有缺陷則不易發現倘內缺陷外無缺陷仍是缺陷不能周身一家也是以非用神氣能否鼓盪聽之不可蓋神氣能鼓盪方生忽隱忽現之功此乃證明內部無缺陷之處能外現之於神也故曰

校注：

❶ "跨"，应为"胯"。
❷ "跨骨"，应为"胯骨"。
❸ "肩跨"，应为"肩胯"。
❹ "湾度"，应为"弯度"。
❺ 应为"缺陷"。下同。

欲要周身無有缺陷先要神氣鼓盪

氣行於內而緩神行於外而速欲氣隨神動必

須練氣歸神是使神氣參調而應神到而氣即

隨之神氣能鼓盪者乃甚於周身爽利活潑無

碍雖華貴有氣吞八荒之勢變換順遂有輕

靈不羣之慨乃因全身飽滿一舉一動神氣蘊

蓄在內外散無由變在內藏目行活動來回貫

串不得不有鼓盪之勢也然其主要在能虛領

頂勁使神氣貫於頂而被提起以活動之乃能

輕乃能靈以証明周身無一處有缺陷也無一

欲要神氣鼓盪先要提起精神神不外散處不飽滿也故曰

頂頭懸起則精神足而注射力強聚集一點不易外散若頂頭不懸則精神力疲如摸魚之呆

形而精神自眩四散矣如精神常現於外成為呆板則難以為繼終有散失之虞若能蓄之於

內膨膨勃勃以運身軀非至用時及走架子至應發點時而不外射射時神引氣出氣引勁發

待至勁發時氣與神三者連合而俱發矣因為神氣能發顯於外必須能收斂入骨如❶能內

校注：
❶应为"蓬蓬勃勃"。

敛入骨愈敛之愈深发之愈足 如不能内敛入

骨何能外射此所谓内含坚刚而后可以发如

放箭也是以欲防神不外散以合宝用必须常

使之隐於内以敛入骨髓乃隐之深者也故曰

9 欲要神不外散先要神气收敛入骨

神气能收敛入骨则外护卫自不致有外散之

虞而後在内通行无凹收敛之线路在收则由

指而掌腕而肘肩至脊椎而下行至胯①而膝腿

至脚根然后在放时则劲再起於脚根而达於

手指其收敛变换枢机在腿含蓄在胸运动在

校注：

① "跨"，应为"胯"。

兩肩主宰①在腰上於兩膊相繫下於兩腿相隨收便是合放便是開開中寓合合中寓開循環不已神氣乃能收斂入骨神氣能內斂入骨之後即是內部藏含堅剛之意即全身各部份均有掤勁之現象此全身有掤勁不但靜時有之即轉變時亦須有之全身有掤勁則全身均有彈性均可應人方為太極拳之真精神也其要點在一舉一動時外操柔軟而使兩股相繫兩股前節有力換言之即注意肘上之臂膝以上之腿此為練掤勁之初步因是須兩肩鬆開兩

校注：

❶应为"主宰"。

跨①接筍使氣向下沉則神及氣自能收斂入骨矣故曰

10欲要神氣收斂入骨先要一舉一動均有掤勁

以上一至四項乃是推手功夫即是知人功夫五至十項是走架子功夫即是知己功夫走架子時自審所練架子能合以上六種否如能合之乃可學習推手蓋人之練習功夫自應有軌道可範按照次序而進最為有效倘欲越級而上無論如何聰明終必有所錯悞欲速不達終成油手滑腿也太極拳開始時所以要慢不准快者乃因留有時間可供審查其動

校注：

❶ "跨"，應為"胯"。

作育無一時間離開掤勁有時自身覺有之其實無之所以必須有師在傍①指點而校正之如係全身已有掤勁者一時如無之己身立時可以感覺此走架子最為重要亦可説完全為掤勁而走架子也在此十項之中以第一項為最重要非求名師傳授不易植其良好基礎此太極拳無法用書函以傳授之原因也

校注：

❶ "有师在傍"，应为"有师在旁"。

# 第三十九章 太極拳架子之研究

凡一種拳術架子為一種拳術練習著勁之教科書也其目的在教導一種運用法則使全身關節鬆開加大活動能力並使內勁增長發生彈性功用如果一種架子內具有此項功用之訓練法使之容易進步此善本教科書也考吾上古時代人民崇高迷信對於陰陽生尅之說五行八卦之詞極其尊重故編組拳術架子亦多能利用此種原理以合民信大多數利用代數式之易經以發揮其神秘學理令學習之人民使由之而不令知之知其然而不令知其所

以然此種情形凡古代之藝術均有此種趨向不祇拳術一項而然也其神秘名詞用於拳術可使學習者迷於神秘以堅其信仰心而尊重之并使人覺悟其中高深無比并無止境引人入精益求精之途此其利用神秘優點以促進步因彼時係神權時代得不然也惟因此種神秘之作用故編架子時不重複繁雜以求能合於八卦五行等符號也如太極拳架子中稱為十三勢一勢代表一種意義有稱之為太極勢兩儀勢四象勢八卦勢等名詞故一趟架子始有延長至百數動作也在初學者頗覺有難

以為繼之苦不過在彼時因神秘關係明知過長不適初學而不敢稍為減縮以免失去五行八卦之譏矣當茲科學發達時代萬事求有根據及學理證明不然不得人信仰反令人感覺荒誕不經而鄭棄之矣惟世界事物萬千未曾根據科學証明之事尚多然亦不可因未經証明即行鄭棄認為無價值因為凡是一種事物能傳留數百年之久當然有功效存乎其中既有功效應研究其功效之由來闡發其理使之昌明此為科學時代學習者應負之責任亦不可故步自封以得之神秘而仍教之以神秘也若研

究拳術之有架子亦非一蹴所能成功，內中約分三個時期層層進化以追於今蓋萬事進化之徑均由簡單而趨於複雜乃為進步之徵拳術一項亦復如是茲分別說明進化之三時期以資參考。

(1) 上古時代 人民逐水草而居遷移不定為求與其他害人動物競生存起見不得不習追逐躲避之法故採用一種如田徑賽之跑跳擲等技術以求保衛個人之生存係為環境所限不得不練也且人類自成童時即具跑跳擲之天性長上雖欲禁止而不能為故上古人民為與其他動物競生存起見以跑

跳擲擊為天然運動跑得穩快擲得遠准跳得高遠擊得准重即是優秀份子矣❶

(2) 中古時代人民聚族而居有宮室車舟之進化城郭甲冑之防護廣場之運動如田徑賽之形者漸行不便城市之內容積窄小不易容納多數人民只好改在郊外行之惟郊外又覺路途遼遠❷之費時風雨寒暑之阻礙種種不便況在此時人與獸爭已免而人與人爭又興若不每日鍛練安能競勝於人故在此時期不得不縮小田徑賽廣場之技術改為小規模之運動矣規模雖小而人之動作則一猶如野外

校注：

❶ "优秀份子"，应为"优秀分子"。
❷ "辽远"，应为"遥远"。下同。

高尔夫球改為室內微高尔夫球之縮小同一理也且人與人爭與動物之爭不同雙方達爭勝之心而少追逐之舉漸注重於擲擊而忽略於跑跳故稱之為技擊焉

(3) 近古時代 諸事進化此種簡單不變式之跑跳擲擊絕少變化學習者不易發生興趣且單式眾多學者易於遺忘為防備學者厭倦起見務使變換其動作不使有機械式之重複情形忽作忽跳忽作擲物之形忽作鬥爭之狀加入舞蹈姿勢以求美觀加入導引之術以練精氣神加入衛生之方以求健身

故在此時期之拳術架子功用浩繁洋洋大觀鎔修
道強身技擊美術田徑賽五項於一爐矣亦可謂上
古田徑賽進步再進之產物矣
拳術架子經過以上三個時期至今日火器昌明時
代法律進步故技擊雖高難敵彈丸恃強擊人難逃
法網故在今日之拳術又為之一變矣漸注重於體
育而忽略於擲擊不過因人勝人為人生至上之樂
趣關係提高興趣故擊之一項仍然有存在之價值
其屬於擲之箭彈標义[1]等項已不復能盛行矣雖然
擊高尚保存性質已非昔此古時視為光耀門庭之貲

校注：

❶ "标义"，应为"镖叉"。

保護生命之法國家賴之以爭勝疆場發揚國光者至今日已將拳術內之技擊列入游藝之門矣性質既變則國家人民亦應本乎時代要求以修練精神體格為主技擊美術為副如技擊雖高而不能健全體格精神則仍失時代之要求也所以拳術架子至今日不復顧慮五行八卦之限制可以自由加減其數以善變化有美術性於修練精神體格雙方能於完全即是優善之架子此虛太極拳架子內所含意義如

一、精神內斂外放氣須鼓盪週行以心行氣以氣運

身凡此均是在意此合於導引功夫也

2.身心舒暢關節鬆净五臟六腑互相調和腰運脊彈頂懸跨開①此合於健全體格功夫也

3.四正四隅指掌捶手柔化剛發周身一家開合相生此屬技擊功夫也

4.整齊嚴肅矯如遊龍疾徐高低斷續相生有行不行得而止非止之勢此屬於美術功夫也

查太極拳架子如上項所述尚屬應有盡有可稱為最合現代要求之品在推進體育期內尤為合用惟架子過長重複太多是其缺點是時既可不受五行

校注：

❶ "跨开"，应为"胯开"。

八卦之縛束儘可及時改革以合現時之需求茲根據三點以改之

1. 去其重複之式而不廢原有名詞寧可多練幾趟不可一次過長亦使各方之招勢仍應有盡有以免練習全身各節有遺漏之患

2. 寧可分為數趟架子不以一時各趟練完為能清勁別着着做到所求功夫決不含糊練習以符在精不在多之弊

3. 架子中既包含練習運勁發勁之功或柔或剛之勁開展緊湊之勢若同在一趟架子內則不易改

換表現其精神應分成數趟一運二發三意即一柔二剛三變等次序專門練習待有功效後再練最後者使各項俱備因架子乃練習拳術之教科書決不可由開蒙之幼稚園而至大學全用一本教科書以為教鞭也

惟現時太極拳架子因數十百年以來一傳再傳幾經變遷已微有不同約分為四派各有造詣之處未可強為判別優劣茲將名詞合為一表如後以資比較其差異之點

一陳家太極拳架子 即河南溫縣陳家溝之太極

拳也已趨於剛因河南省喜練硬拳者多太極拳在該地除去嫡系家傳者外因環境關係多數流於剛矣

2 楊家太極拳架子，即河北廣平府楊氏之太極拳也楊氏本受業於陳家溝陳長興先生本無二樣因在京師習之者多王公貝子及文人李無求技擊之意能得活動筋骨即已滿意亦因環境關係除去嫡系家傳者外多數已趨於柔矣

3 武家太極拳架子，傳自武禹讓①亦授自陳家溝陳清平者其架子之動作比較緊湊乃練習成功

校注：
❶ "武禹让"，应为"武禹襄"。

後所授人之架子亦因在津保一帶盛行關係而近於柔矣。

牛宋家太極拳架子，傳自宋書銘氏據為太極名家宋遠橋後人多係散手架子不注重連貫成路，以技擊為主注重實用此與陳家溝發祥之三種似同而非同其運動精神仍係一致此可為陳家溝作一有力之參考吾友許禹生氏得受其秘傳此太極拳別出一支者也。

以上四種各有獨到之處雖注重之道不同而功用則一任學何種如果精研苦練不失太極拳原理

犯太極拳之病均有登峰造極之希望練成後亦無有何優劣之分惟初學者往往因未明其中之意祗覺各有不同則理想其中必有真偽之分是我而非人之弊如果根據拳經不離其理均可成就若運使離開太極原理姿勢失去太極精神無論學習何派均不能成也至於架子之長短或先後倒置多幾著少幾著於功夫上全無關係也因為太極拳所以不同者在運使之法與衆不同并非有何特異之架勢存乎其中也

故在今日科學化時代可以無須顧忘八卦五行之

十三段結構法似應自由變更將架子拆開以合初①習深造及成就後三種自修之需況太極拳之姿勢無論何着均可連接一氣滔滔不絕如長江大河茲將重複之點設法減少架子儘量縮短練習時不使發生敦衍苟且之風以提高興趣則所得功夫自可事半而功倍矣茲擬定第一趟名稱如下

太極拳第一趟

1 太極式。 2 上步掤勢 3 金剛搗碓 4 攬扎衣 5 四正手。
6 單鞭 7 提手 8 白鶴晾翅 9 摟膝拗步
10 收回琵琶 11 右摟膝二 12 再收 13 進步搬攔捶

校注：

❶ "折开"，应为"拆开"。

| | | | | | | | | |
|---|---|---|---|---|---|---|---|---|
| 兹研究此項第一趟中所具之種類如下 | 焉變為武象終 | 總其名稱三十七着數四十九由文象起至高探 | 37合十字 | 35躍步裁捶 34翻身二起腳 35右打虎式 36旋風腳 | 29高探馬 30左右擦腳 31掛樹蹬腳 32前蹚拗步 | 25撇身演手捶 26上步大封四閉 27單鞭 28賣運手二三 | 28白鵝晾翅 22斜行拗步 23海底針 24閃通背 | 17肘底捶 18左倒捻肱二三 19斜飛式 20提手上勢 | 5四正手 14十字手 15金剛搗碓 16四隅手 |

1 太極拳之四項基本手如攬扎衣運手摟膝倒捻肱乃前後左右四手為最重要之支柱已屬應有盡有

2 太極拳應知之四正手及四隅手已將勁別分清以為練習者有所遵守及用功處

3 太極拳之中土步之三才式如上之白鶴晾翅中之收回琵琶下之海底針亦屬均備

4 太極拳之足部用功法如左右擦腳掛樹蹬腳左轉蹬腳右轉蹬腳及轉換之旋風腳已式式俱備

5 太極拳之飛身法伏身法如二起腳之飛起栽捶

之下伏上下俱備

6 太極拳之大開大合法如太極式之捲合單鞭之攔開提手之肘合高探馬之腰合均屬齊全

7 太極拳之大轉身法如斜行拗步閃通背及左右護心拳前後左右之轉身法均已齊備

8 太極拳之重要用捶法如進身之搬攔捶中定之肘底捶回身之撇身捶亦屬俱備

9 從高探馬以下之身手乃摩戰之法拳足交加翻身上下轉換起落以看擊為主其中變化急遽運動作靈敏而不墨守慢運當走之習以作進退前之

步哨戰也

10原有太極拳架子本由面北始以回南終東邊始
而西邊終後仍可再練一次以回復原站舊位置
表示太極拳精神相連不斷如長江大河之勢也
此第一趟即在旋風腳後之合十字而止亦係反
面而終若重練亦可回復至起點處
綜觀以上所查第一趟太極拳雖僅四十九着即可
將拳之精神勁別及各種纏絲法表現無餘如初學
者照此認真練習即足夠用教者既容易改正而學
者亦易領悟拳之着數在精不在多學者又何必故

事延長架子而失精神之專注乎且此項改革架子尤適宜於表演之用蓋各項身法及用勁之處已充分表現於外母須大套架子以耗費時間使人厭觀使己精神徒耗無盡按照美術上言之凡是架子若重複過甚即有精彩亦變為平坦吾人若觀音樂之譜即可證明重複之譜不能得人歡迎也如果學習者嫌短不足過癮僅可多練幾次週而復始也

太極拳第二趟

太極拳第二趟已在第二集發勁論中第十六章內專論之矣其架子專俟練有太極拳綿勁者練習發

勁之需此趟架子名稱為四十六、而著數佔六十四、因係發勁關係一切動作均求況中能快表演時間尚不覺長如果練習太極拳者未經此項架子之練習則一舉一動難得有內含堅剛之功萬不可越級而過等閒視之前集既說明此處不再贅述

太極拳第三趟

乃將原有太極拳架子之下半段除去重複太多者兩組成其中重要之著仍然存在茲將名稱著數列之於下

正　单鞭
上步金剛搗碓四○手二○前後招　野馬分鬃一二

上步攬扎衣 四正手 三 单鞭 玉女穿梭

转身攬扎衣 六封四闭 单鞭 下运手 二

擺脚鐵义❶ 金鸡独立 高探马 转身十字单摆

指膛捶 上步攬扎衣 六封四闭 单鞭

切地龙 上步七星 退步跨虎 转身双摆

湾弓射虎❷ 上步搬攔捶 似闭指 金刚搗碓

总共名称二十九 着数三十七 由金刚搗碓始 亦以金

剛搗碓終

兹研究第三趟中所具之种类如下

考第三趟中与前趟作用不同之重要点应注意之

校注：
❶ "摆脚铁义"，应为"摆脚跌叉"或"摆脚跌岔"。
❷ "湾弓射虎"，应为"弯弓射虎"。

四項如左。

1（前後招野馬分鬃）乃搖身擺梢之白鵝晾翅及上下相隨之斜行拗步二式相連所有纏絲勁互相聯接誠屬天衣無縫矯如遊龍之勢

2（玉女穿梭轉身攬扎衣）乃處於包圍之中衝鋒而出如穿梭之勢而處處仍須不離太極精神不惟挺直而出此為第三趟難練之勢無異為轉身式之三級跳速也

3（擺腳跌岔金雞獨立）乃懸空之勢而跌至極下再起至極高乃防備掃腿等之不幸而跌下能在

跌中以取勝再能由跌而起以創人也非有相當之功夫不能練也

釣地龍上步七星退步跨肱轉身雙擺連灣弓射①虎此五式乃一貫名詞由下攔而上連擊

後再退引人入自己範圍轉身以腿擊落下而捶發此為太極拳架子中持有之着退步跨虎時尤宜特別注意似破綻而無破綻蓋退步仍係纏絲而退也

總觀此趟完全為假練功夫之架子在技擊內為最重要之式勢雖在體育內成分較少而於技擊甚關

校注：
❶ "湾弓射虎"，应为"弯弓射虎"。

緊要況且有攬扎衣運手之二項基本手及四正四隅在內甚合高等技術鍛練之用毋須再重複以費時也如果覺得尚不足供其要求可重複練習可將三趟連貫而練一氣到底精神絲毫不懈即可趁手上中矣

# 第四十章 太極拳架子之注意點及犯病

練習拳術者常常理想一趟架子內之動作完全係技擊之用法亦有以為全係體育功夫者其實此兩種思想均有所偏蓋一趟架子之構成中間必須綜集各部份之勁一一有練到之機會其中有技擊之聲發法亦有技擊之化勁法有因關節領域須擴大範圍以合技擊上之需要不得不練者另一方面言之亦有使內部五臟六腑運動之需者有練精氣神暢旺者亦有全係在體格健全上著想者有時一著內具有一種功用或具數種功用并無專定未可強

為一律認定係技擊或體育之用也在練習時應明瞭此著主要之意義及其作用也而後精神有所專注有主有賓則功夫進步自能事半而功倍雖然一種動作之運用同時間各部份均有連帶關係若運動此部份亦能使其他部份均受其益究不如鬆靜專主一方之為善也是以前輩太極拳家凡練習時均將架子從頭至尾逐著審查其應注意之點及易犯之病有所改正以期迅速進步至於現時架子雖有四種不同之趨向己如前章所述然此專指純粹太極拳而言也如一人已練過通臂拳多年者亦練

太極拳則此為通臂式之太極拳矣若習六合拳兼練太極拳者則又為六合式之太極拳矣若一人曾經練習各種拳術再練太極者則可稱為雜式太極拳矣蓋太極拳與他種拳術相反處多他種以抵抗為能太極須不抵抗他種須緊張支撐為能太極以鬆開貫串為高他種外剛內柔太極內剛外柔如此等等如欲練一趟太極拳而不將原有拳術姿勢及運動法攙入其內實不易也何況同時尚習他種拳術乎因此無法審查其腰腿身手之如何此本章所言係指專門練習陳楊武宋四種太極拳術者

而言茲考其中宋氏者大畧近於陳氏其差異之點一條成路一條散手耳如武氏則近於楊氏差異之點亦係此較上為緊湊耳若再考陳楊二氏者又大畧相同因楊氏亦出於陳氏之衣鉢無大軒輊差異之點在名詞不同及剛柔成分內稍有加減耳因此可以混合四家架子而審查之茲舉第一趟架子以示其例餘可自行按照所學加以審問慎思及明辨可也

第一段

第一趟太極拳架子總共名稱如下

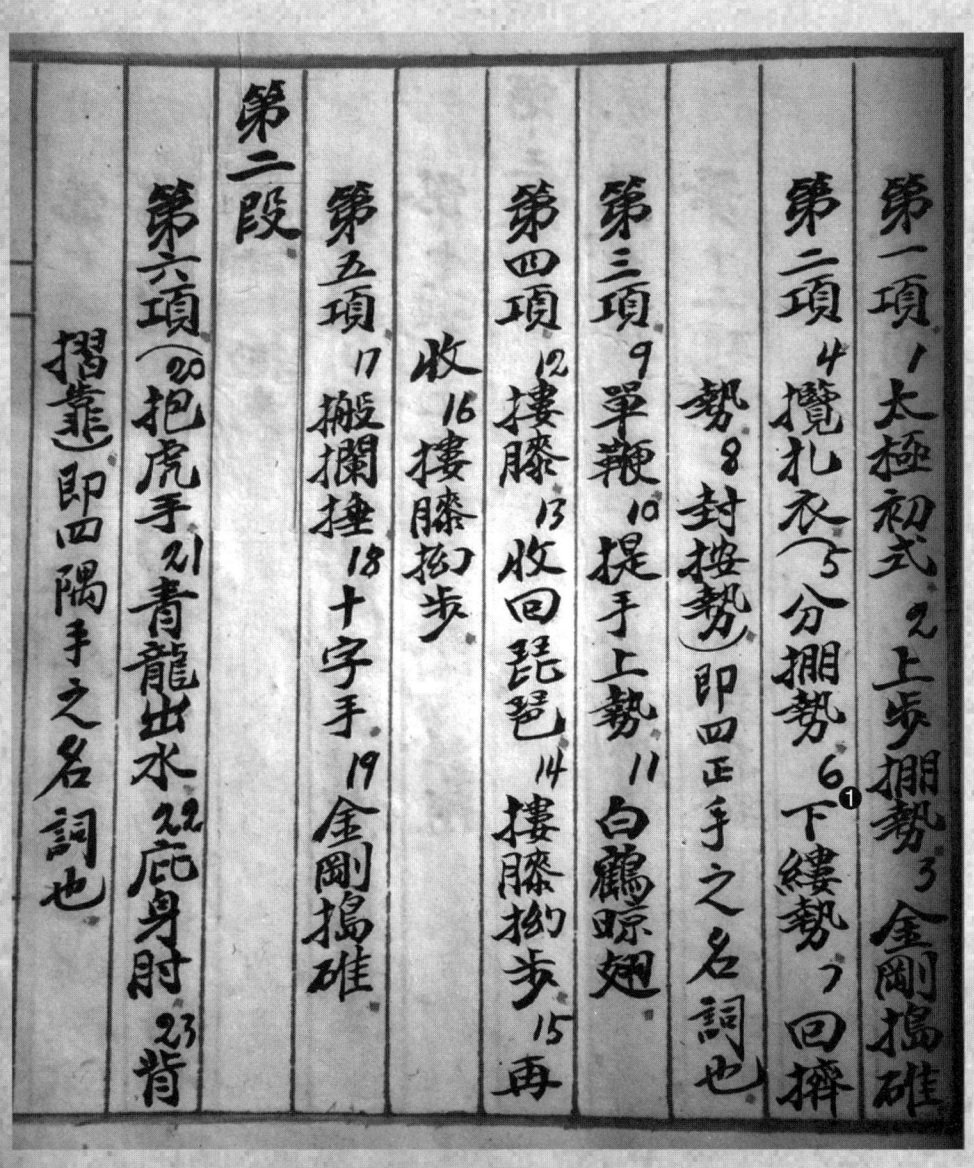

第一項 1太极初式 2上步掤势 3金刚捣碓

第二項 4揽扎衣 5分掤势 6下缕势[1] 7回掤势 8封按势（即四正手之名词也）

第三項 9单鞭 10提手上势 11白鹤亮翅

第四項 12搂膝 13收回琵琶 14搂膝拗步 15再收 16搂膝拗步

第五項 17搬拦捶 18十字手 19金刚捣碓

第二段

第六項（20抱虎归山 21青龙出水 22庇身肘 23背折靠）即四隅手之名词也

校注:

❶ "下缕式"，应为"下擟式"。

第七項 24肘底蔵捶 25左右倒撿猴[1] 26串縷後合

第八項 27斜飛式 28提手 29白鵝晾翅 30斜行

拗步

第九項 31海底針 32閃通背 33撇身演手捶

第十項 34上步六封四閉 35單鞭

第三段

第十一項 36右左運手 37高探馬

第十二項 38右左擦脚 39掛樹蹬脚 40前膛拗

步

第十三項 41躍步栽捶 42翻身二起脚

校注：

❶ "串縷"，應為"串擾"。

第十四項 43 右左護心拳 44 旋風脚 45 金剛搗

碓

以上乃將一趟架子分為三段每段再分數項此種分項之法練習比較容易進步亦容易改正也

第一段 第一項

僳以三勢合成一項總其名曰太極式此式內包括太極拳內之十二纏絲勁所謂左右纏上下纏順逆纏內外纏大小纏連貫表名於架子之首以為命名太極之由來其次序係右退纏而左進纏上逆纏而下順纏上步以外大纏而內小纏均歸納於

一八八

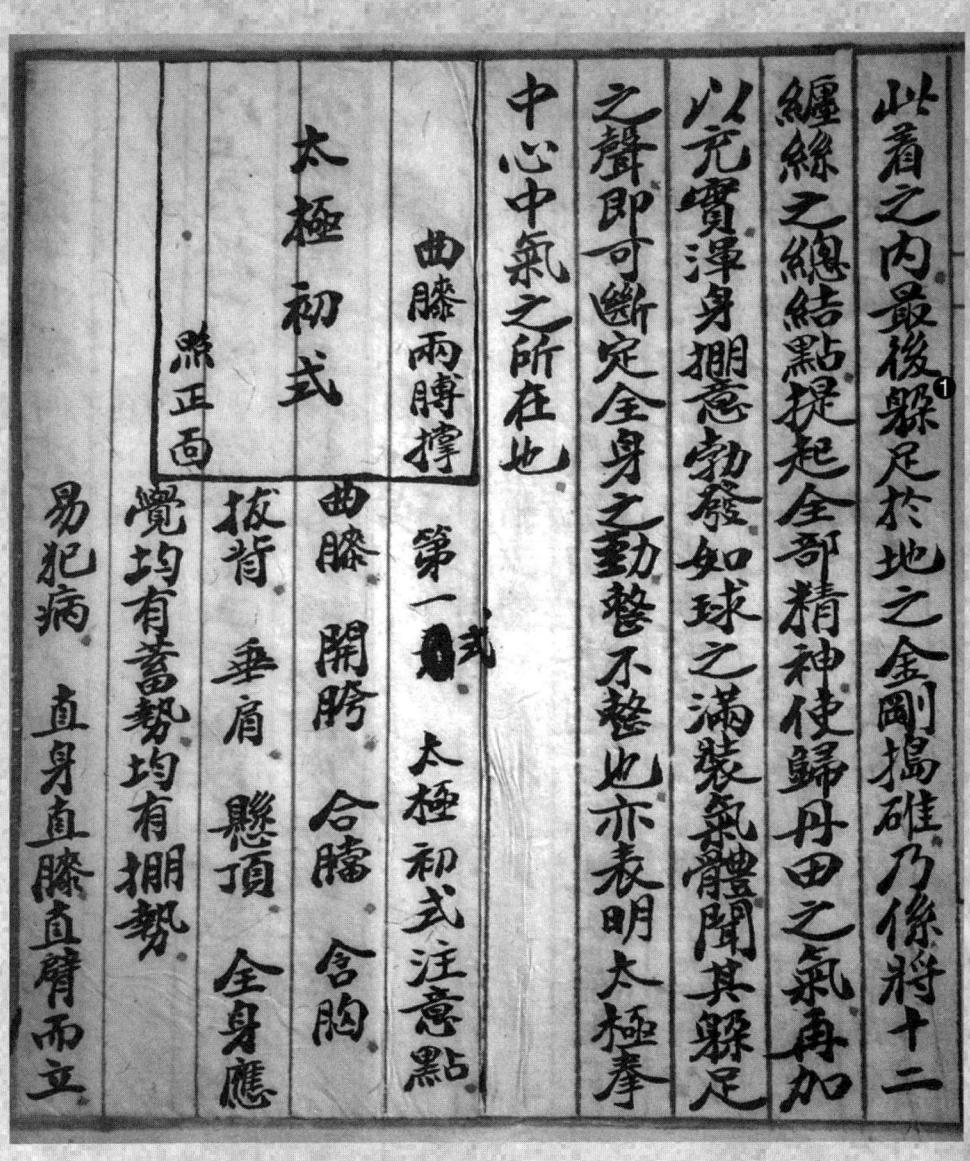

此着之内最後躲足於地之金剛搗碓乃係將十二缠絲之總結點提起全部精神使歸丹田之氣再加以充實渾身掤意勃發如球之滿裝氣體聞其躲足之聲即可斷定全身之勁整不整此亦表明太極拳中心中氣之所在也

曲膝兩膊撐

第一式 太極初式注意點

太極初式

照正面

曲膝 開胯 合膽 含胸

拔背 垂肩 懸頂 全身應覺均有蓄勢均有掤勢

易犯病 直身直膝直臂而立

校注：

❶ "躲足"，应为"跺足"。

一八九

## 正掤時 第二式 上步掤勢之注意點

### 上步掤勢

照側面

上步時圓行而上應注意胯間之小圈方能有上下相隨之功

易犯病 側身直上跨部揩圇❶

手無掤勁乃手不能領身之病

### 金剛搗碓

提足落地時

第三式 金剛搗碓之注意點

全身應有捲拔之勁為支撐八面之勢躲足❷於地以驗全身之勁是否整不整也 易犯病

照正面

躲足❸於地惧以一手一足之力

校注：

❶ "跨部"，应为 "胯部"。
❷❸ "躲足"，应为 "跺足"。

第二項

第二項係五勢所合成由攬扎衣變化而生為太極拳基本重要動作四項之一專以鬆肩開跨舒臂為主徐徐活動於全部動作之先以領起四正勁之功用練習者徃徃忽略其作用認為多一種來回揉手而已其實此種運用甚關重要因能將四種勁別分別清楚於先則此後各種運勁時有所注意得明瞭氣之運行線路有軌可循則收自大也若在技擊上言之攬扎衣一勢是迎是拒亦蓄亦發有此一勢神而明之即可應用於走化矣

校注：
❶ "开跨"，应为"开胯"。
❷ 应为"徃徃"。下同。

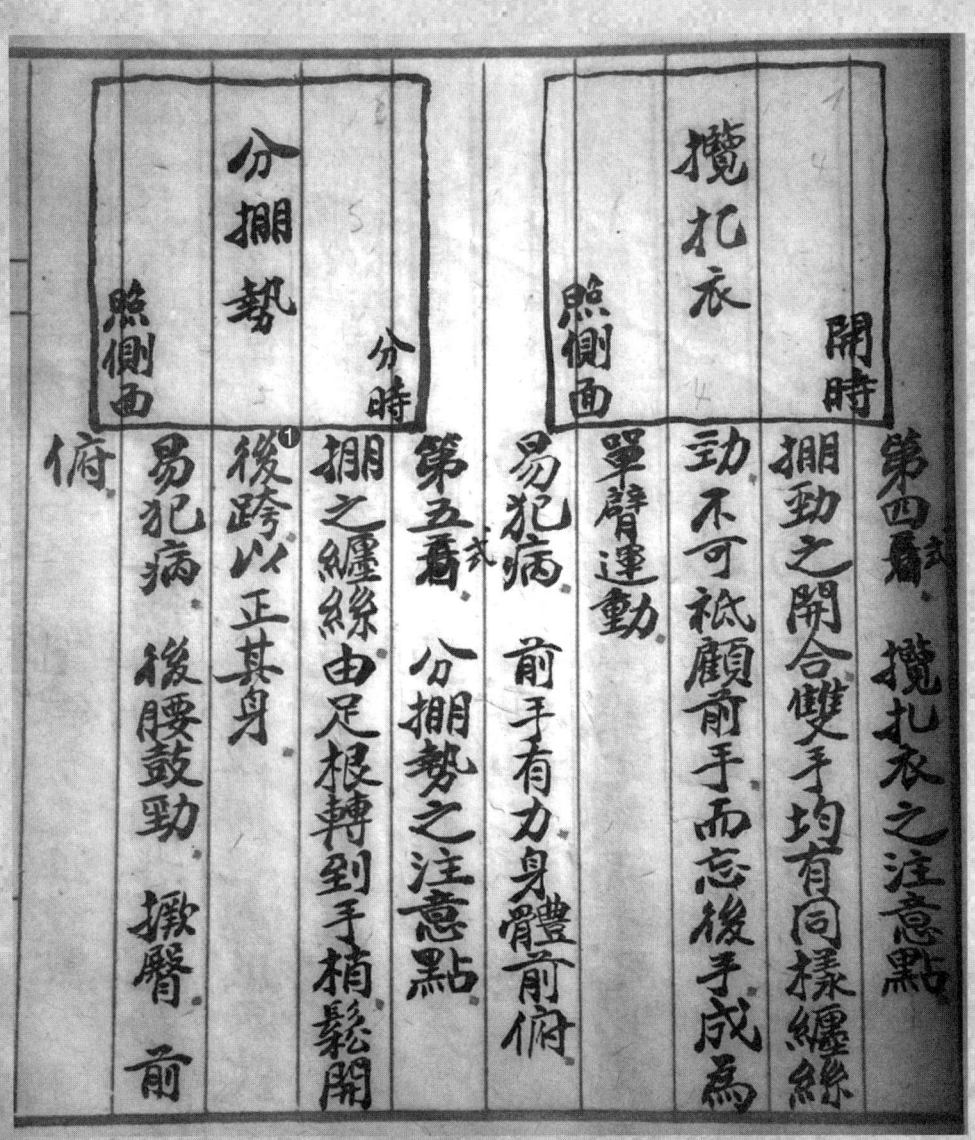

第四着 攬扎衣之注意點

攬扎衣
照側面
開時 掤勁之開合雙手均有同樣纏絲
勁不可祗顧前手而忘後手成為
單臂運動
易犯病 前手有力身體前俯

第五着 分掤勢之注意點
分掤勢
照側面
分時 掤之纏絲由足跟轉到手稍鬆開
後跨[1]以正其身
易犯病 後腰鼓勁 撅臀 前俯

校注：
❶ "后跨"，应为"后胯"。

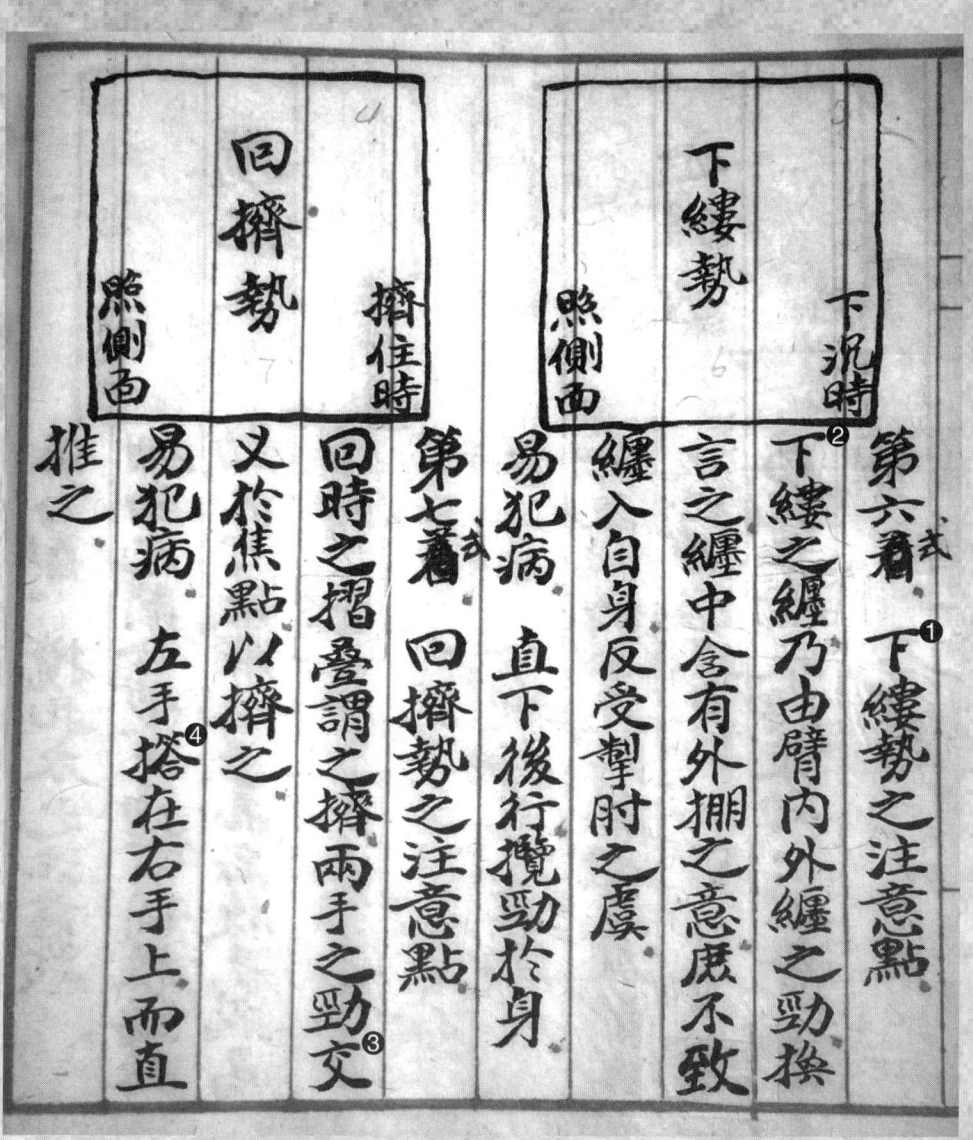

第六着，下缕勢之注意點

下缕勢

照側面

下沉時

下缕之缠乃由臂内外缠之勁换
言之缠中含有外掤之意庶不致
缠入自身反受掣肘之虞

易犯病 直下後行攬勁於身

第七着 回擠勢之注意點

回時之摺叠謂之擠兩手之勁交
又於焦點以擠之

易犯病 左手搭在右手上而直
推之

回擠勢

擠住時

照側面

校注：

❶❷"下缕"，应为"下擴"。　　❹应为"搭"字。
❸"交义"，应为"交叉"。

## 第八節 封按勢之注意點

### 封按勢

按時由掤回轉摺而封閉之其封閉之手前後而出如單按之形

照四五

易犯病 晾肘尖而無腰走之勁

### 第三項

係三勢以合成翻身攤開以提手之轉合為大開大合之動作上步之下沉轉腰之上起亦可謂上下之開合也惟封按勢之改單鞭時中間必須有過渡之着以彌補之條抓而捌之用反手之背以鏧人也此

時須中正其身而空其膛及足所站距離不可太窄手不可過出以腰運以脊捯方能平穩係太極拳別開生面斜行之擊也單鞭乃右手運出如鞭之出也應先沉而後漸漸掤開在沉時掤開右足以覆掌平行以纏出再轉而合之此所謂肩要捲緊壓也提手乃因單鞭之攤開再提而合之此着為楊家將陳家溝架子內之招挪置在前之着也陳家架子名為白鵝晾翅其勁係向左右分掤與楊家架子曰鶴晾翅係斜向上下之掤勁此兩者稍有差異之點也

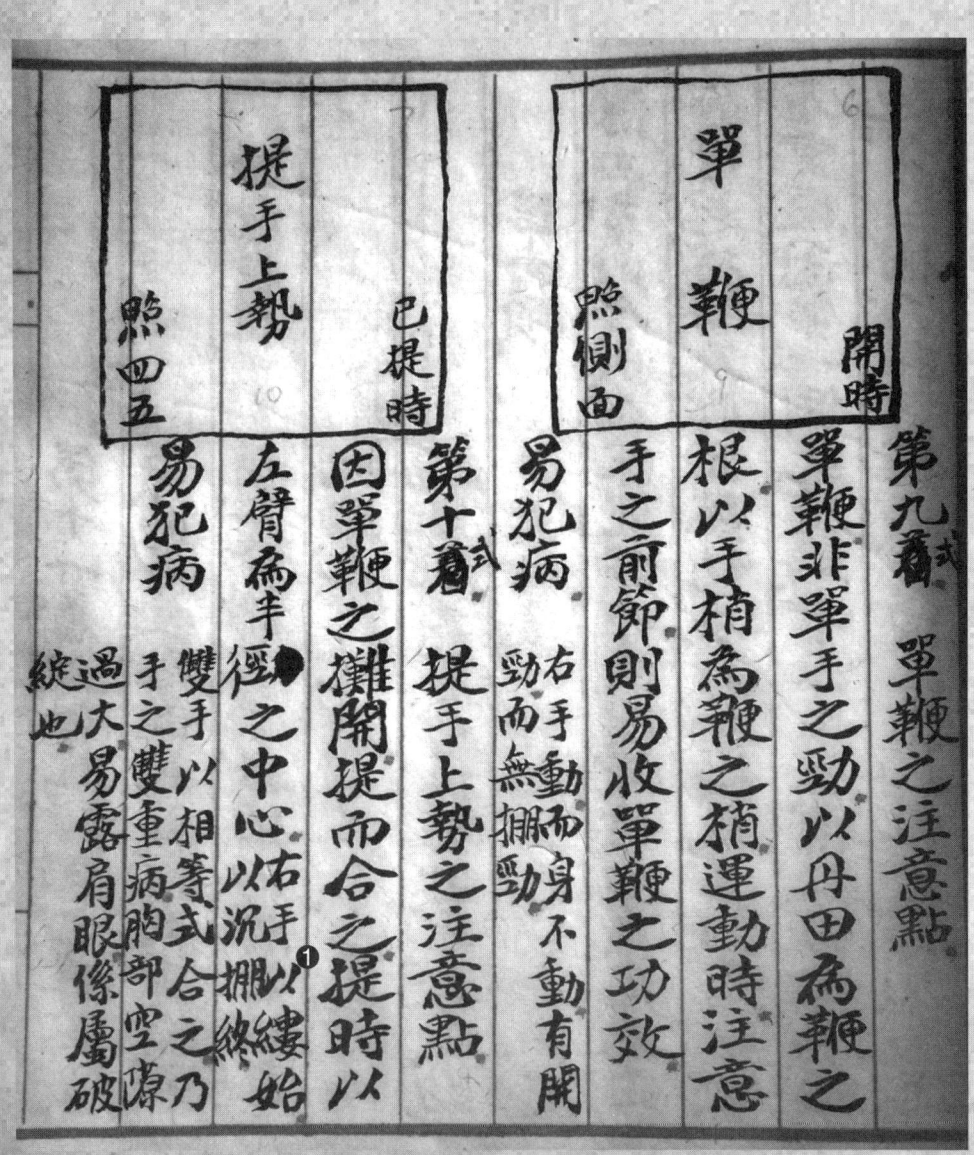

第九着 單鞭之注意點

單鞭

開時

照側面

單鞭非單手之勁以丹田爲鞭之根以手梢爲鞭之猶運動時注意手之前節則易收單鞭之功效

易犯病

右手動而身不動有閗勁而無掤勁

第十着 提手上勢之注意點

提手上勢

巳提時

照四五

因單鞭之攤開提而合之提時以左臂爲半徑⊙之中心佑手以沉掤終始①

易犯病

雙手以相等式合之乃手之雙重病胸部空隙綻過大易露肩眼像屬破也

校注：

❶ "以縷始"，应为"以攦始"。

第十一着 白鶴晾翅之注意點

白鶴晾翅

半起後

照正畫

白鶴昇空之上起勁氣向下行而轉入分掤之勁必須兩膊有相繫之勁也

病易犯氣上行兩身後仰手無掤勁

第四項

係四着以合成在陳家架子內以斜行拗步為楊家架子之摟膝及收回琵琶二着所構成名雖重複實不重複因第一個之摟膝并不上步係接自白鵝晾翅第二個乃接自摟膝并須上步也惟名稱既為摟

膝必須有摟之意若注重捯勁而不及摟則誤矣收
回琵琶一着陳家架子係足尖點地邁步時再換足
跟開之楊家架子起始即以足跟落地而停之此不
同之點也

第十二圖 摟膝之注意點

摟時全副精神注意在摟勁其後手之
向前合乃由前手所帶動應以前
手為主

摟膝

照四五易犯病 身體過於前俯無掤摟
之意

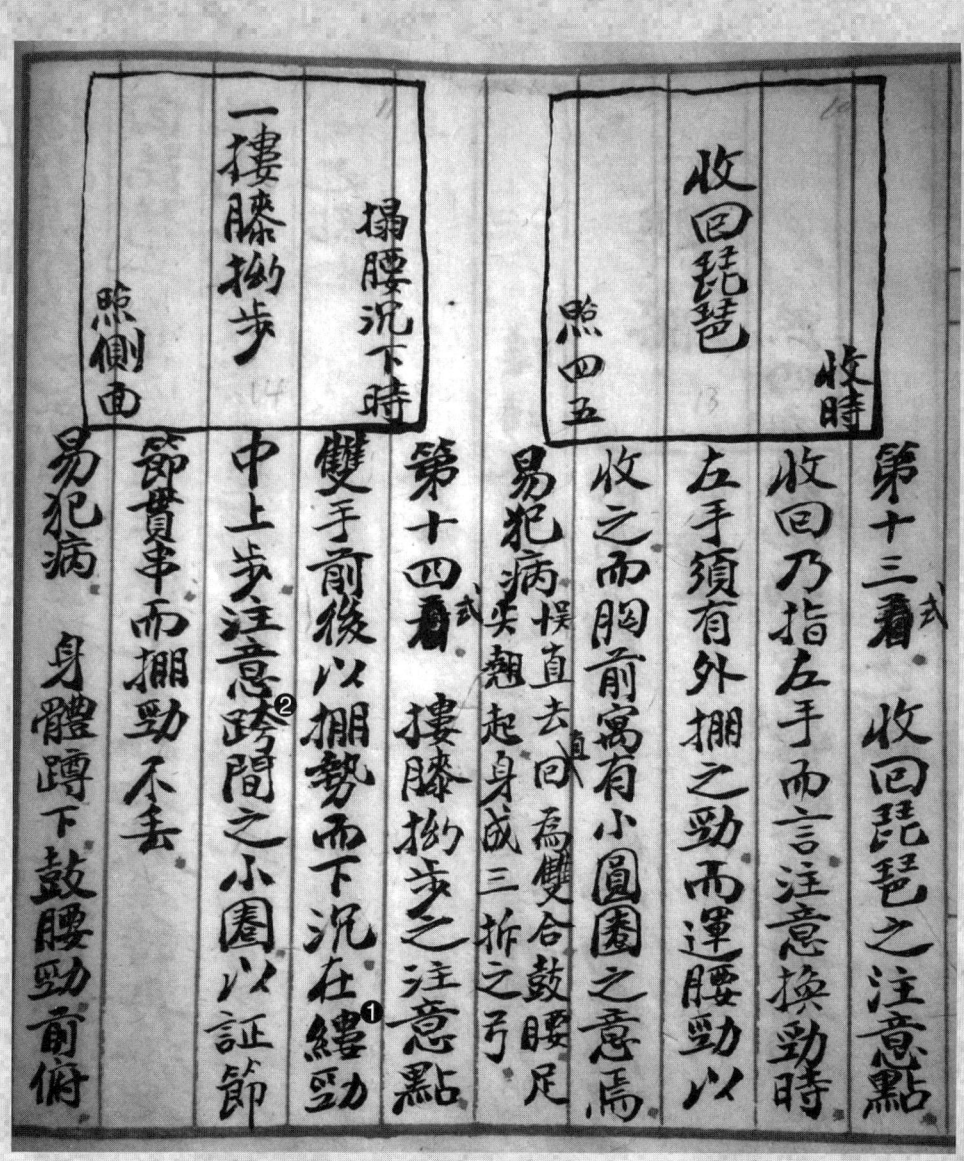

第十三看 收回琵琶之注意點

收時
照四五

收回乃指左手而言注意換勁時
左手須有外掤之勁而運腰勁以
收之而胸前寓有小圓圈之意焉
易犯病誤直去回為雙合鼓腰足
尖翹起身成三折之弓

第十四看 摟膝拗步之注意點

摟腰沉下時
照側面

雙手前後以掤勢而下沉在縷勁①
中上步注意跨間②之小圓以証
節貫串而掤勁不丟
易犯病 身體蹲下鼓腰勁前俯

校注：
❶ "縷勁"，應為"攦勁"。
❷ "跨間"，應為"胯间"。

上步提足時此乃上半段之下半段應注意手之

二樓膝拗步　掤勁領身體以上起提足而下落
照側畫　兩手前後之開合而相繫有掤勁
易犯病直上直下手無掤勁

第十六看　樓膝拗步　與前同
第十五看武　再收琵琶　與前同
第五項
係三看以合成如楊家搬攔捶乃開始之搬攔勁在
陳家架子內呼為掩手肱拳乃發出之形勢因既名

為捶如不發勁有類安放物件於桌之上失去開弓放箭之意義矣十字手乃旋轉之開合如楊家架子至此為一段落在陳家架子至此不停留而過之以金剛搗碓為停點此為不同之點總計楊家將蹚地之金剛搗碓三次均已減去以合北平王公貝子之學習并將摟膝拗步改為三看容易分段前進無起落之勢有挪轉之勁避難就易比較陳家架子之摟膝拗步一氣到底易於練習也

第十七着 搬攔捶

搬攔捶之注意點。

逆纏而順發發出之勁如鞭梢之

打出時擊則其中自合圓勁其捲蓄之逆

進步搬攔捶

纏以跨為主待右臂伸出至六分①

時旋轉以跨發之②

照四五易犯病　身前俯從蓄之初放點

即蓄發勁

十字手

第十八者　十字手之注意點

合時　此者雖係雙合以左手為主以右

手為寶先以上下斜開而後合於

左為旋轉之拔背合時之縷均宜③

照正面分清

校注：
①② "跨"，應為"胯"。
③ "缕"，應為"攦"。

易犯病 兩臂內空空徒有畫圓之形毫無掤縷之勁①

第十九著 金剛搗碓另一注意點

提手時 因接十字手之後而變祇須內捲盡量揉拔其背則左腿因捲拔之關係自然收回矣

照正面易犯病右手無大沉之勁致不能自然收左腿而合之

## 金剛搗碓

總計太極拳第一段分為五項為太極拳最重要之一段此段如能學有根底不求有功先求無病則此

校注：

❶ "縷之勁"，應為"攦之勁"。

後練習可以不難矣如人有耐心最好以一年光陰專學此段不計其他務使一舉一動均有規矩不違背工心解之原則全身之關節使易犯之病盡力減少則所得結果較此學習全趨者收效且大若貪多有錯築成不正之病一待已成毛病則此後更改誠不易矣

第二段　第六項

按照拳經把虎歸山係二齣命名一為抱虎手一為歸山手由金剛搗碓或十字手之後至肘底看捶中間按照現在所練之動作變換甚多決不能以一名

稱以代表各項勁別如查陳家溝拳譜則有庇身捶青龍出水背摺靠三看名稱嵌於其間可見此中決非抱虎歸山一着所能代表此複雜之變化也因此加以研究如抱虎手係採勁若青龍出水係挒勁若庇身捶係肘勁若背摺靠係靠勁也若照原來之架子審查原有之動作既有如此意義勁別存於其間不如分清勁別以四隅手名詞代之況太極拳既稱由八門五步而來則四隅手在架子內豈可獨缺而不顧豈可不示人以標樣以資明瞭四隅勁係如何之動作也。

## 第二十着 抱虎手之注意點

**抱虎手**

式
照正面

此着係二勁之分勁，以左手向外左行一勁，以右手向右行合之，勁有如擒拿手與擴相同而相反，一條合一為開且應注意跨開膛[1]

## 捌出時

圓而掤勁不丢
易犯病 右手轉換時之肩眼露

## 第二十一着 青龍出水之注意點

**青龍出水**

式
照四五

蓄而後發蓄中藏掤蓄愈足發勁亦愈脆發後勿前俯以跨發[2]為主

校注：
① "跨开"，应为"胯开"。
② "跨发"，应为"胯发"。

## 庇身肘

用肘時 第二十二着

易犯病 直出勁而無旋轉之勢

庇身肘之注意點

此着雖以挫走而以肘發放改為庇身肘最合其義由外纏轉內纏

照正面 應注意左手撐腰之勁

易犯病左足太虛肘尖過於凸出

## 背摺靠

靠勁時 第二十三着

此着命名傑手向左摟雙手均已左行故以手為中心領起身體背

背摺靠之注意點

照四五部摺轉以靠之也務須中正不偏

不倚不俯不仰 易犯病 有其形無其勁

第七項

式
係四著所合成如肘底嵌捶照平時走架子之形勢
而論以捶嵌肘底則全身嵌陷處甚多有失太極拳
之精神故多以掌嵌於肘下待左手後纏時再變
捶以前捌之而後再行左右倒捻肱之運動如倒捻
肱一著陳家架子與楊家架子不同之點在陳家架
子弓前膝時而為一段落在楊家架子坐後腿時為
一段落一在捻之始一在捻之終耳倒退之捻肱在

太極拳為獨一之練習亦為太極拳重要四項基本手之一因太極拳主進而無退退中仍是進退是大蓄之法退中仍須有掤勁以待外發也

第二十四著肘底嵌捶之注意點

嵌合時此著乃外掤而內合由大圈進於小圈注意雙臂切勿貼腋而行掤勁務須絲毫不丟

易犯病 左臂豎起無內合之勁 掤勁圍住予人以封閉之機

照側面

肘底嵌捶

第二十五著 倒捻肱之注意點

弓前腿時雙臂運用時務須前窄後寬方不

左倒捻肱

照側面

坐後腿時腿部成直線因是可以保住掤勁

前時與眼部成直線運至後時與致肩眼顯露換言之即手運至肅

右倒捻肱

照側面

前後同寬肩眼凸出

不丟肩肯不斷務須極端注意

易犯病

串縷後合❶

串時

此著為聯接之縷在縷中忽轉掤❷

改移方向後仍縷之須相連不斷❹

第二十六著 串縷之注意點❸

照正面

易犯病 直向下拉貼腋而合

校注：
❶ "串缕后合"，应为"串擥后合"。
❷❸❹ "缕"，应为"擥"。

第八項

係四留（式）所合成如斜飛式乃太極拳中惟一向上發之勁為楊家架子所補充之勁其意義由攔開下沉後再向上掤接以挪步提手與前項提手上勢不同

因前項係由橫合以縱開此項挪步提手乃縱合而縱上有如推手時隨進之步也若白鵝晾翅與白鶴晾翅異者係專為分掤之勁若白鶴晾翅者其間在

分掤之內并有上拔之勁耳若斜行拗步乃楊家架子內摟膝及收回琵琶式著所合成一氣運行毫無停頓此係稍有不同之點也

## 斜飛式

第二十七着 斜飛式之注意點

飛時應先下沉而後以前節之勁漸漸鬆放至於手椎後手不可過窄以

照側面

易犯病 與分鬃手同式樣勁別

免露肩

## 挪步提手

第二十八着 挪步提手注意點

此提手與前之提手不同之點在

方位應注意挪步時足之虛實手

足相應不丟不頂

照四五

易犯病 露胸雙手分開向後而前

第二十九番白鵝晾翅之注意點

晾時
應注意分掤中之外纏雙足不可
前後弓膝步而立并搖胯
易犯病 兩膊無相繫之勁

照正面
第三十番 斜行拗步之注意點
應分清前後開合及左右開合而
後收步以足尖點地胸前有一圓
圜之意
易犯病 掤勁 前時手無纏絲直退後
時而無掤勁 纏絲

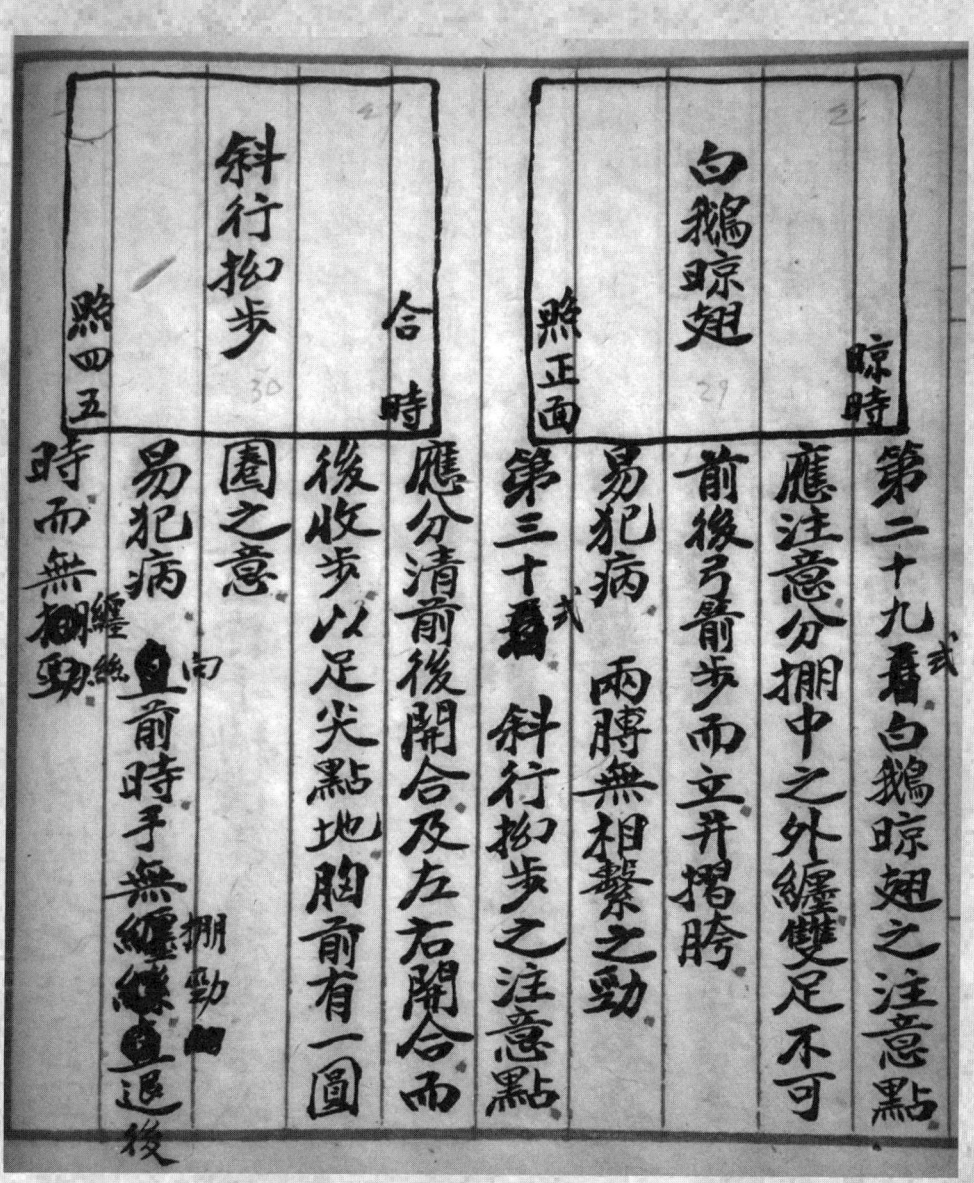

第九項

係三看所合成如海底針一看在陳家架子內無此
名稱此乃陳家架子內之倒捶楊家挪置頭趟中為
拔背重要之着繼之以開通背之運動
又繼之以撤身捶既稱均宜發勁乃在左右拔背
後斜行而下沉邁步以突擊在此一項內可謂盡運
動之能事矣如海底針乃手向前伸而臂面具有
由脊發之勢也如海底針乃手向前伸而臂面具有
掤勁係運勁之着非用於擊人之着也

第三十一看海底針之注意點

海底針

針時應注意背上之皮有無繃開之意
方可稱為拔背不可前伏而背無
照側面
弧形重心點應在前腿
易犯病 身蹲下腿過曲弓扁
折不能接筍

閃通背一

第三十二著 閃通背之注意點
出掌
山乃閃通背之起點為前後之纏
絲而以左掌出之以探動其背由
腰而脊而臂而掌之勁也
照側面
易犯病 無探背勁不合閃通脊

## 閃通背二

照側面　轉身

此乃閃通背之終點有如蹟跡中
由背翻身以撺得人出也應斜行
而有上下有背撺得人出之意萬
不可平行而轉致自立足不牢矣
手無旋轉外纏之勁直
易犯病

打出時　背而翻轉

## 撇身掩手捶

照側面

第三十三看撇身掩手捶注意點
此看承撺人之勁而下沉以捶擊
人全身保持平衡臂伸至七分時

再含彈性為太極拳練拳之摽準

拳法也

易犯病 前足站立過窄不能跨①

領脊發

## 第十項

係二者所合成如六封四閉乃表示六成封勁四成閉勁之意如攬扎衣不同之點在扒步之縷②因攬扎衣係順步之縷也扒步之縷④為技擊中最有用之著而練習時亦較難不易發生縷勁且在上步之前腿尤須合住勁其右臂內須有外掤之勁待至上步

校注：
① "跨领脊发"，应为"胯领脊发"。
②③④⑤ "缕"，应为"撅"。

轉翻而為按勁在轉翻之時掤勁由臂外轉至臂內仍不許丟勁此為難運之處也待按定後以抓捌而反之與前合惟單鞭之後手多加一捌發勁耳單鞭之運勁與前同

第三十四動六封四閉之注意點

弍

此動因左足在前以右手縷①而上步應注重縷②中藏有外縷③之勁待縷勁縷④至臂外翻轉成掤時上步以合之

六封四閉

縷時⑤

縷勁縷⑥

照四五

易犯病 將縷⑦勁縷⑧入自身胸懷

校注：
①~⑧ "缕"，应为"搌"。

二一八

| 六封四閉 | | 單鞭 | |
|---|---|---|---|
| 摟時之中 | 按時 | 照正面 | 將開時 |

此圖乃上步後之雙按按中有合勁以符封閉之意身勿前俯以掌按之雙足與肩寬左虛右實而立易犯病、鼓腰勁手指尖相對

第三十五着 單鞭之注意點

注意點及易犯病與前單鞭同。

武 第三段、第十一項

係兩着所合成運手乃太極拳重要基本四着之一

可云為太極拳基本功夫，以丹田為根，纏至手梢左右外纏，而兩膊仍相繫不丟，主要在揉化其手使一舉一動有內纏外反之精神。運手之數或多或少均無不可，由運手改為高探馬應在緩和彎度中變之，不宜直來直去以失太極原意。

第三十六章 左右運手之注意點

此勢如右手運動時則注重右足，虛以符上下無雙重之病，在外掤中而背仍有拔之勁，胯活襠開，易犯病，傾斜不正，甚手無掤勁。

左右運手

左式

照正面

校注：
❶ "灣度"，应为"弯度"。
❷ "掤缕勁"，应为"掤攦劲"。

## 左右運手

照正面

左時此乃運手之終點將勁倒換右手而右足虛在變換交接點即掤捋[1]之交接點

易犯病：上下不相應

第三十七圖 高探馬之注意點

## 高探馬

出掌時 此着乃以身領手而合之着以腰運為樞機捲收掤勁之手而反放之在一捲一放中掤勁均不丟開

照四五 易犯病，直收直接身與手不合

## 第十二項

校注：

❶ "掤缕"，应为"掤搌"。

太極拳練至此項時完全運用腰腿功夫矣注重下部練習法在其他國術家對於太極拳所指摘之點❶多譏太極拳缺少下部功夫蓋近日練習者多因體育而練習多不肯下膽功以減少疲乏并且悞會太極拳在活靈而不在膽無須下部有況之功致失拳術之意義致不知太極拳此項起至十四項止專門為練習腿之功夫如腿無相當功夫則武式不能相連無一氣到底之精神若能連之則無人能議評此拳矣此為練習者不善非關拳之不善也此項乃三看合成如左右擦脚乃以手分及足分後以

校注：
❶ "指摘"，应为"指责"。

手擦足面以足尖點人在左右分點後提其足不落地轉身而蹬之爲練左足之勁也蹬後上步以摟膝搬攔二着合成之呼爲前蹬拟步練習者徃徃忽略①此項以爲拳脚交用可以無須連貫不斷此實悮矣

第三十八看左右擦脚之注意點

此看乃以内纏外反之手動之於分足之上仍保持各節之灣度②使之仍能貫串其氣也（仍外分之勁）

左右擦脚

擦時

照正面易犯病 直手直脚蹬後僵立足尖翹起站立不穩

校注：
① 应为"往往"。
② "湾度"，应为"弯度"。

## 掛樹蹬腳

蹬時

第三十九著掛樹蹬腳之注意點

此著因手之裹合而成拳如掛樹之形因手之裹轉以領身之轉移乃試驗重心之善著也

照正面

易犯病無捲掤之勁手不能領身

## 前蹚拗步

轉變時

第四十著 前蹚拗步之注意點

應分清足之虛實後再行上步內中含有捲挫之勁由蹬足於地聽其聲辨其勁

照側面

易犯病 上步時外擺臗

第十三項

係二者所合成在太極拳內有二者預為不慎失足之用者一為坐身法之切地龍一為伏身法之栽捶之用者一為坐身法之切地龍一為伏身法之栽捶此二者預備在失足之內取反攻之法此為技擊法應有之準備如本項之栽捶乃搬攔向下擊之勁作栽倒於地之形勢而能翻身而起飛越而出此乃栽之身蓄巡二起腳之身發蓄得足而發得脆此二者為連貫動作由最低之點用項勁領起全身之勁飛身至於最高之點乃太極拳之輕身法也

第四十一看躍步栽捶之注意點

躍步栽捶

伏身時 此着假定為不牽而伏身於地惟背仍有拔勁因拔勁內中自含掤勁應注意兩膊仍相繫雙手在蹲下時掤勁仍不丟也

照側面 易犯病 頂勁丟身前傾無蓄身之意

蓄時 在沉蓄時之注意點乃二起腳之始假定背為人壓翻身卸之應注意全身均有掤勁以腰運之

翻身沉蓄

照側面 第四十二着 二起腳之注意點

二起腳
起時
照側面

此為二起腳之終點以右臂由後轉翻領起全身中間係頂勁肩勁膝勁三勁同時動作下落時尤須沉着而有沉重二聲

易犯病 鼓腰勁致全身不能起

## 第十四項

係三者所合成護心拳即楊家架子之打虎式也所有運化均限胸部以腰運為根本與旋風腳連接點凡須有開弓旋轉之意以左手舉左足之內部以下落有橫掃之勁以活動腿部為主總計第三段對於

腿之運用可謂應有盡有而在此段所有姿勢運勁及名稱均採自陳家溝架子此種拳足交用之著眼專門用勁者異非剛脆迅速下膽沉氣不易致故全數採用之有如欲求柔運之法必須向楊家架子內求之同一理也

第四十三為五右護心拳注意點

此前看以左右而旋轉為捲書掤
放之勁其掤縷①之分界點與足之
虛實須相呼應
易犯病，真合而臂遍無纏絲、

左合時

左護心拳

照正畫

校注：
❶ "掤缕"，应为"掤擟"。

| 旋風腳 | | 右護心拳 | |
|---|---|---|---|
| | 照側面 | | 右合時 |
| | 轉時 | | 照側面 |

旋風腳

照側面

此式乃第一趟之末着借旋風腳

第四十五着金剛搗碓之注意點

不穩

手面朝左擊以打此旋轉之左足

易犯病 左足急遽下落致身立

此着乃太極拳內合之足勁用左

第四十四着 旋風腳之注意點

易犯病 左手缺乏纏絲

斜轉在前後時肩眼不許顯露

此後着乃由左右而政換前後之

二三九

進纏時之下落合而收之由左至右合使全身掤勁飽滿丹田充實而止

## 金剛搗碓

照正面 易犯病 雙手由後雙合露肩眼

以上乃第一趟架子之名稱注意點及易犯病雖為原有太極拳第一趟架子之半數然已盡太極拳十三勢內之八勢矣拳中重要之着已應有盡有以文象始以武象終天然成一氣承轉合之章法能於此趟有深刻研究先以每着改正着成以項項成以段段成連貫以成趟如果此趟均經審查在工心解規定之內作為基礎則以後二趟三趟繼續而練亦不

難矣倘或此種未能嚴格審查即著數甚多又何濟於用哉

第二趙太極拳架子總共名稱如下

第四段

第十五項 46攬扎衣 47六封四閉 48單鞭

第十六項 49躍步覆捶 50護心捶 51脈門肱 52躍步

斜形 53風掃梅花 54金剛搗碓

第十七項 55對掌 56回頭撒身肘 57攢手 58翻花舞

袖

第十八項 59掩手肱拳 60躍步腰攔肘 61左右轉肱

掌

第五段

第十九項 62鳳凰展翅 63連技玉女穿梭 64連技倒

第二十項 66合身裹變 67裹反捶 68逆轉裹變 69裹
騎麟 65轉身掩手肱拳
反捶

第二十一項 70左右手肘勢 71通山捶 72掩手肱拳

第二十二項 73伏虎跳澗 74左右黃龍三攬水

第六段

第二十三項 75左右蹬脚 76掩手肱拳 77回頭研磨肘
78掃堂腿 79掩手肱拳

第二十四項 80左右穿抱捶 81海底翻花 82掩手肱拳

第二十五項 83倒撺 84弸連捶 85人步弸連捶 86左右

二肱 87變勢帶閘

第二十六項 88回頭當頭炮 89勢分捶 90腰攔肘 91順攔肘 92窩底炮 93井攔指路

第四段 第十五項

此項係三勢所合成即太極生兩儀之形勢專以鬆肩開跨❶舒臂齋主徐口活動於第二趟全部動作之先以領起後方之發勁若分開另練則加以太極初式上步掤式及金剛搗碓五式於先若連貫練習即以第三段第十四項之金剛搗碓接之矣其注意點及易犯病與前所指之三式相同故不再述

攬扎衣 第四十六式 仝前❷

校注：

❶ "开跨"，应为"开胯"。
❷ "仝前"，应为"同前"。下同。

| 六封四閉 | 丹變 |
|---|---|
| 第四十七式 仝前 | 第四十八式 仝前 |

第十六項.

此項係六式合成如躍步覆捶乃由丹變之掌變之

為捶以兩膊之提掤勁使之身輕提前後腿摸挪為後前腿之位置以平掤而成護心之前捌勁合後再開為脈門肱之勢借雙開之勁而躍步為斜形之式退後轉為三百六十度之掃勁中分上下兩勁而手中有按勁以向下轉有掤勁以向上再合為合勁此項步法之變換在開中以提腿而躍步均為前項所無在變換之中而有擊發乃為按擊上必要之功夫也

第四十九式躍步覆捶之注意點

應注意手之向後變前之圜係掤①

校注：

❶应为"椭圆"。

## 躍步覆捶

照正西 51

躍時圖之四十五度而不須斷勁勁在後腿時前腿虛以提起至覆捶擊時再變虛為實

易犯病 用平行圓致躍後無根

站立不穩

## 護心捶

照四五 52

合時

第五十式 護心捶之注意點

應注意挪開其步以合護心之形

由外轉內雙手相繫均有掤勁

易犯病 左手有外纏勁而右手無內纏勁致不相合而生偏

| 躍步斜形 | | 脈門肱 | |
|---|---|---|---|
| 照正面 | 站地時 | 照正面 | 開時 |

第五十一式　脈門肱之注意點

開時應注意雙手分開之掤勁像上下橢圓[1]以提起前腿

易犯病　虛實不分而前腿不能提起

第五十二式　躍步斜形之注意點

應注意接聯上著以左手為半徑右手順此半徑而外行反摟

易犯病　半徑用平行以轉換

第五十三式風掃梅花之注意點

校注：

❶应为"椭圆"。

風掃梅花 照側面

按時應注意旋轉時由下而上再向下按，後之勁不許斷再向上翻以

翻勁挪轉其身

易犯病，挪轉太過足根浮起。

金剛搗碓 照正面

合時點。

第五十四弐，金剛搗碓之注意

注意點 仝前

易犯病 仝前

第十七項

此項係四式所合成對掌乃合勁為反十字手合後再開挪右腿以撇身至於肘勁為止而蓄勁蓄後再分發疾捲而下以成攢手攢手之勁為破解擒拿之勁轉換左手以上提右手以下擊以生脫離擒拿之功伏身行氣借左之上提勁提起全身成為三百六十度之旋轉而下聲風掃梅花乃向後退轉之三百六十度中間稍有停頓此項乃向前進之三百六十度一氣呵成。時根株垂直右手下擊為有彈性之現象為上

（朝花舞袖）

對掌
照正面

對時

第五十五式 對掌之注意點

應注意中正不偏雙沉為用開合

相對勁在掌沿之邊

易犯病 開時兩手後向而肩眼暴露

回頭撇身肘
照正面

撇身時

第五十六式 回頭撇身肘之注意點

應注意開轉時掌心有外掤之勁

逆纏旋轉而至肘尖

易犯病 轉之不圓而為平肘擊

第五十七式 攢手之注意點

攢　手

蹲下時　應注意先開之前手捶發勁後手
照正面　須捲而下合以洗之呼爲攢手勁
　　　　易犯病　前手無勁仍注後之右
　　　　手攢時撅臀

第五十八式 翻花舞袖之注意點
懸空時　應注意左手外轉之提勁提起全
照正面　身以轉之轉時不可俯落下時不可
　　　　俯

翻花舞袖　易犯病　提不起身落下不穩

第十八項

此項為三式所合成而左右轉肱掌須左右三次以
運其勁在左右轉換時須以身之腰勁領手以變之
由翻花舞袖之下擊以右手旋轉作上下之半徑中
心提起全身前後換步以行掩手肱拳之擊口後不
停即順其擊勁躍步而前轉身以肘擊之中藏背摺
靠之勁肘擊後繼以上步之掤勁雙手合住勁以運
其雙手及兩足互相上提下落以符上下相隨之意
無異一合勁之雲手也

第五十九勢 掩手肱拳之注意

掩手肱拳 照正面

打出時
點 應注意開之發勁乃寸數兩手前後有平衡之勁係旋轉而出
易犯病 擊出之手為十足之直

第六十式 躍步腰攔肘之注意

躍步腰攔肘 照側面

肘時
點 應注意腕若被牽應順其勁以領
易犯病 起自身用背摺靠勁而脫開擒手、將前手收回而躍出無靠勁

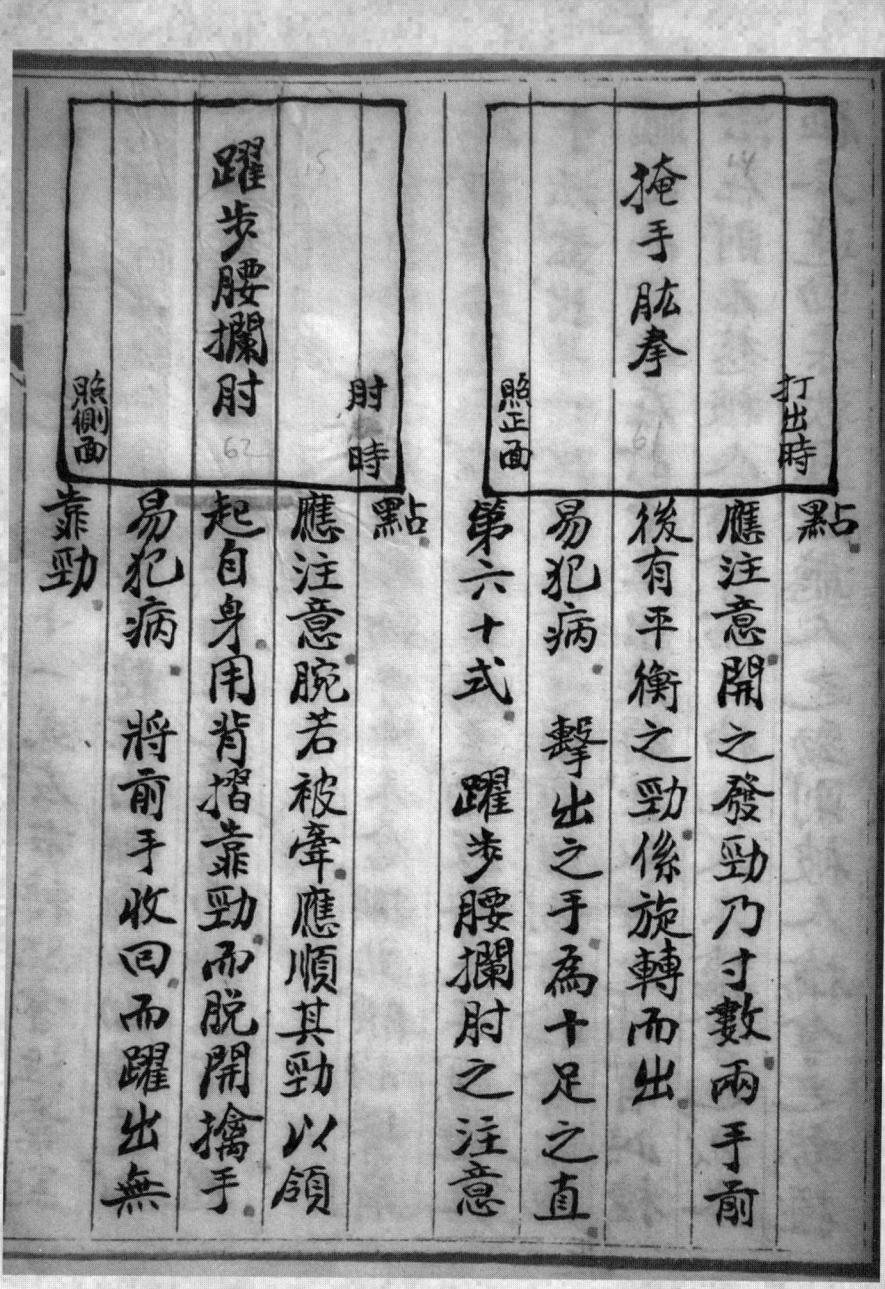

第六十一式左右轉肱掌注意點

應注意轉肱內掤攌二勁清楚以倒換兩足之虛實而轉上下相隨

| 左右轉肱掌 | 轉肱時照正面 |

之功

易犯病 手中不含掤勁腴胸聳肩

總計第四段內以手領身為主乃按擊上不可避之手法蓋出手一旦被人擒拿後應就對方擒拿之勁順之而行并在行中生出破解兼攻擊之法有此種法在則不愁被人擒拿而只怕他人不擒拿也以太極拳運勁柔軟且欲聽人之勁則被人擒拿之勢極

二四六

易造成故學者對於此路方法未可忽視也如躍步覆捶乃被人擒拿向下走以破之。法如風掃梅花乃被人在後擒拿向後背走以破之。法如攢手乃被人拿住不動以破之。法如翻花舞袖乃被人在後拿住提起以破之。法如躍步腰攔肘乃被人順我擊勁拖拿向前以破之。法如未研究及此設遇此種情形豈非太極拳練習者之危機乎

第五段 第十九項

此項名為四式合成其實內中含有六着之用法乎合而再開乃為鳳凰展翅開後以豐合以成串撥之

勢串掇用連枝步為進入他人圍內之法為順步之前進若倒騎麟者乃拗步之前進在順步轉變時尤須以身領手倒換足之虛實以變之若後面被人攻取時則順其勢轉身以拗發之最合群戰之法也

第六十二式 鳳凰展翅注意點

應注意交义[①]而後合不生遍病開時兩膊相繫以轉而後退不宜直

鳳凰展翅

合時 退

易犯病，轉時肩眼露出而直往[②]

照正面 後退

校注：
① "交义"，应为"交叉"。
② 应为"直往后退"。

## 第六十三式 串梭之注意點

連枝玉女串梭

開時　應注意一手護心一手攻取旋轉而進掤勁蓄足

照側面　易犯病　連枝時兩着之勁斷而不接

## 第六十四式 倒騎麟之注意點

連枝倒騎麟

合時　應注意後手不生偏病以手足之收放發生前進之勁沉着連枝步而行

照側面　易犯病　進如雀躍以邁步

第六十五式 轉身掩手肱拳

轉時 注意點 應注意腰勁下塌領身轉蓄以擊發之

轉身掩手肱拳之

照側面 易犯病 平行而轉致根不穩

第二十項 此項係四式所合成裹合須合得身起而外放亦須放得剛脆兩手下垂內中轉身以裹之者兩着一右轉一左轉餘為兩絞花步平行之裹發乃手與足上下均發也此式乃用於人群之中令全身之氣突然而發為十二字訣內脫字之功用也兩膊須沉着而

掤勁蓄足雙口以行分合也

裏時第六十六式 裏變之注意點

應注意先掤而後轉以裏之手雙

合身右轉裏變
照正面

開而足同時落地

易犯病 直合而非裏勁

第六十七式 裏反搥之注意點

應注意裏得身起橫行雙發之

裏反搥
照正面

開時

易犯病 頂勁丟去身軀運重

第六十八式．左轉裹變之注意

裹時
點
照側面

合身左轉裹變 應注意借裹變之裹轉勁以挪轉
其身 易犯病上下不相隨裹後再轉

第六十九式．裹反捶之注意點
開時 應注意之點 仝上
照側面 易犯病 仝上

裹反捶

第二十一項

此項係三式所合成內中係用卸步上下以行曲蓄橫步以行肘發乃由手成肘之勢為太極拳橫行退步發勁之着發後隨即轉換左手之蓄上右腿由下向上再發之而右手在後下壓之以示平衡此乃應用對方跟進以反攻之法也發後如被擒拿則以左手為半徑躍步換腿以右手下劈手為半徑改以掩以斧下劈木柱之勢也再換以劈手而為砲發之總計先以手肱拳倒換步法即用右手而捌發之總計先以手平發繼之以上發再以下發殿以前發四發連貫而

生相因以應一氣呵成以頭頂之勁提起全身軀而躍起換腿連珠發施橫上下豐四種擊法也乃予人以迅雷不及掩耳之攻勢為太極拳中別開生面之着擊也。

第七十式 左右手肘勢之注意

平肘時　點。

左右手肘勢

照正面　端分清

應注意兩膊相繫之中以轉換以腰為樞機而手與足之虛實應極易犯病分為兩着不能一氣貫之

第七十一式 通山捶之注意點

照正面

通山捶

上擊時

應注意左手下塌之勁以塌為蓄
上起為發須旋轉左手向下臂之
易犯病 不能連貫如一

第七十二式 掩手肱拳之注意

起時

點

照側面

掩手肱拳

應注意此着之右手為半徑領起
身軀再行掩手之勢
易犯病 領起之先未行下塌

第二十二項

此項名為兩勢合成其實七著也伏虎之勢係以己身之弓己上弦之勢其右半身及右臂如弓之背盡量屈曲如新月在屈曲之中仍寓中正之意重心安定跳澗之勢如弓弦之斷折彈出弓身之勢也跳時係以在前之左手為半徑旋轉其身轉換其面徃前躍落地時向後所以接三攬單雲手之姿態也三攬之後仍以手領起身軀前後換步以左手所之此著係欲以一手之運動求一動全身無有不動之功較此兩膊相繫以求全動為難

是乃進一步之練習也

伏虎跳澗

伏虎第七十三式伏虎跳澗之注意點

應注意邁開後步，以拔其背右手大纏左手小纏身之跳出係以左手之勁為要

照正面

易犯病　根株不正

左右黃龍三攬水

合時第七十四式　三攬水之注意點

應注意跨①之旋轉圓以領起腰腿之動因是而全身均動

照正面

易犯病　上半身與單手之動非

校注：

❶ "跨"，应为"胯"。

## 全身之動

總計此段乃進圍之方法與處人圍內被人包圍之用法足以連技步法轉換進退迅速靈敏發以氣發之週旋轉以應各方之手而對於一方則連貫以擊之為突圍而出之勢其中跳躍兼用瀟灑不群乃太極拳之奇兵以合四戰之用內中仍以手領身居多乃借人之勢順其勢以反擊也。

第六段，第二十三項。

此項係五式所合成如左右轉換以蹬腳乃一腳不成轉而仍向此一點再蹬之為前項所無其收腿係

由手之提勁以收回其腿再換以手擊遇有後攻則
回頭轉以肘擊而續以掃膛腿掃之形勢前項風掃
梅花傑以手爲主此項掃堂腿傑以腿之橫掃勁爲
主務須旋轉成三百六十度之全圈在接連不斷之
下換勁由腿上纏至臂內以手再擊之

第七十式 左右蹬腳之注意點

左右蹬腳之注意點
應注意蹬時手足均發合時全身
均蓄得滿
易犯病 圍住勁而無掤勁

合時

左右蹬腳

照正面

第七十六式 掩手肱拳之注意

掩手肱拳
合時
　照側面
　　應注意之點 仝前
　　易犯病 仝前

第七十七式 研磨肘之注意點
　出肘時
　　應注意旋轉而回以出肘挪轉其腿以足跟為半徑
　　易犯病 因轉腿發生外擺臗

第七十八勢 掃堂腿之注意點
　回頭研磨肘
　　照正面
　　應注意掃勁不許平行而掃初掃

二六〇

## 掃堂腿

初掃時：兩膞須相繫右肘側向下行待至半圍時復轉斜向上行以領起

照側面：全身變換第二勢

易犯病：忌平行擦地腿無掃堂之勁

## 掩手肱拳

發出時：第七十九式，肱手肱拳之注意點❶

應注意之點：仝前❷

易犯病：仝前❸

照正面

校注：

❶ "肱手肱拳"，应为"掩手肱拳"。

❷❸ "仝前"，应为"同前"。下同。

第二十四項

此項係三式所合成，如穿抱捶乃雙手發勁左右以倒換之內中以一手為主一手為附有如抖杆子之勁，惟于中未拿杆子耳。其步法用前後之碾步不但抖出其勁并須因抖之關係提起身軀以上行，臨於身恰在貫注對方後足跟之意，如是左右倒換以行之。繼以兩膊相繫向前以翻之乃由上前而下後再向前以發之，是即為海底翻花之形勢也，發勁之後仍須緊接右手之前捌勁而後再行演手肱拳①之法也。

校注：

❶ "演手肱拳"，應為"掩手肱拳"。

## 第八十式 穿抱挫之注意點

左右穿抱挫

照側面

當時應注意雙手均有擴勁跨間之圍[①]及身被手領之意

易犯病 擊時身向前傾

## 第八十一式 海底翻花之注意

海底翻花

照側面

翻時應注意拔背之勁翻前而出點

易犯病 上下虛實不分

校注：

❶ "跨间"，应为"胯间"。

第八十二式 掩手肱拳之注意

發時 應注意 仝前
點 易犯病 仝前
掩手肱拳 照儉畫

第二十五項

此項係五著所合成以下揀而轉身收合之此合乃身之合其手足則天然完全進於蓋矢書後之發由下而前弸先以足尖點地以調整其勁而後弸出之勁乃有得勢之功弸後連環以人字步倒換前進上

步作人字之一撇為蓄勢再上一步為發勢是為人字之一捺此種運用法非腰脊跨①三者合一不能得其勁此乃前項所無之勁如能以此前進是為隨化隨擊隨轉隨發之功用也繼之以二肱之勁連環而擊所謂二鬼扯鑽是也設手被人擒則順其勁以變肩靠之勁飛步進之乃迅速而簡便之變也

當時第八十三式 倒揷之注意點

應注意下揷之勁因係左手不可

有其形無其勁

照側面 易犯病轉後右腿不能自然收合

倒揷

校注：

❶ "跨"，应为"胯"。

## 掤連捶

掤時

第八十四式 掤連捶之注意點

應注意下沉之勁領腿前邁以抖出手之掤勁

易犯病 手平行無攔圓之勁

照側面

第八十五式 人步掤連捶之注

## 人步掤連捶

當時

意點

應注意當得足而後發得腕當中

力求得勢不可稍帶濡滯

易犯病 當時腿無法提起左右

照側面

不平均

第八十六式 二肱之注意點

打出手
貼側面
應注意左右二勁連珠而發有揉
其背之功效

左右二肱
易犯病 兩擊不相連繫

第八十七式 變勢帶闖之注意

下坐時
應注意如手腕被擒即順其勢飛
步而出以肩勁靠之
點

變勢帶闖
易犯病 身向前傾振抹不穩
盤正面

## 第二十六項

此項係六式所合成如回頭當頭炮乃係飛步而出之反式灣弓射虎也亦係抖杆子之勁惟左手在前耳在此抖出之際忽然變換右手向後以手背反出完全用腰勁轉換主要有拔背之能而後方可有者發之功繼之以上步肘擊之亦是假定左手被擒之意也肘擊之後即以肘化人之勁順其勢再以肘擊之是為順攔肘如此肘擊不能生效再被人按住其肘則借其按勁反手以捶擊之此為一貫之動作中間無停留之餘地殿後之井攔指路有如金剛搗碓

校注：

❶ "湾弓射虎"，应为"弯弓射虎"。

不同者為兩拳相對以飽滿全身之掤勁試驗有無缺陷耳

回頭當頭炮

發出時　第八十八式　當頭炮之注意點

應注意　與變勢帶闖同

易犯病　與變勢帶闖同

照側面

勢分捶

發出時　第八十九式　勢分捶之注意點

應注意以腰脊轉向後發精神專注左手之發

易犯病　雙手分勁無主賓

照正面

腰攔肘
照正面

肘出時

第九十勢，腰攔肘之注意點

應注意此係由上而下之肘擊

易犯病 肘尖凸出過甚失去肘之功

順攔肘
照正面

雙肘齊出時

第九十一式，順攔肘之注意點

應注意身化腰走左右兩肘換得靈也

易犯病 失去以肘化人之意

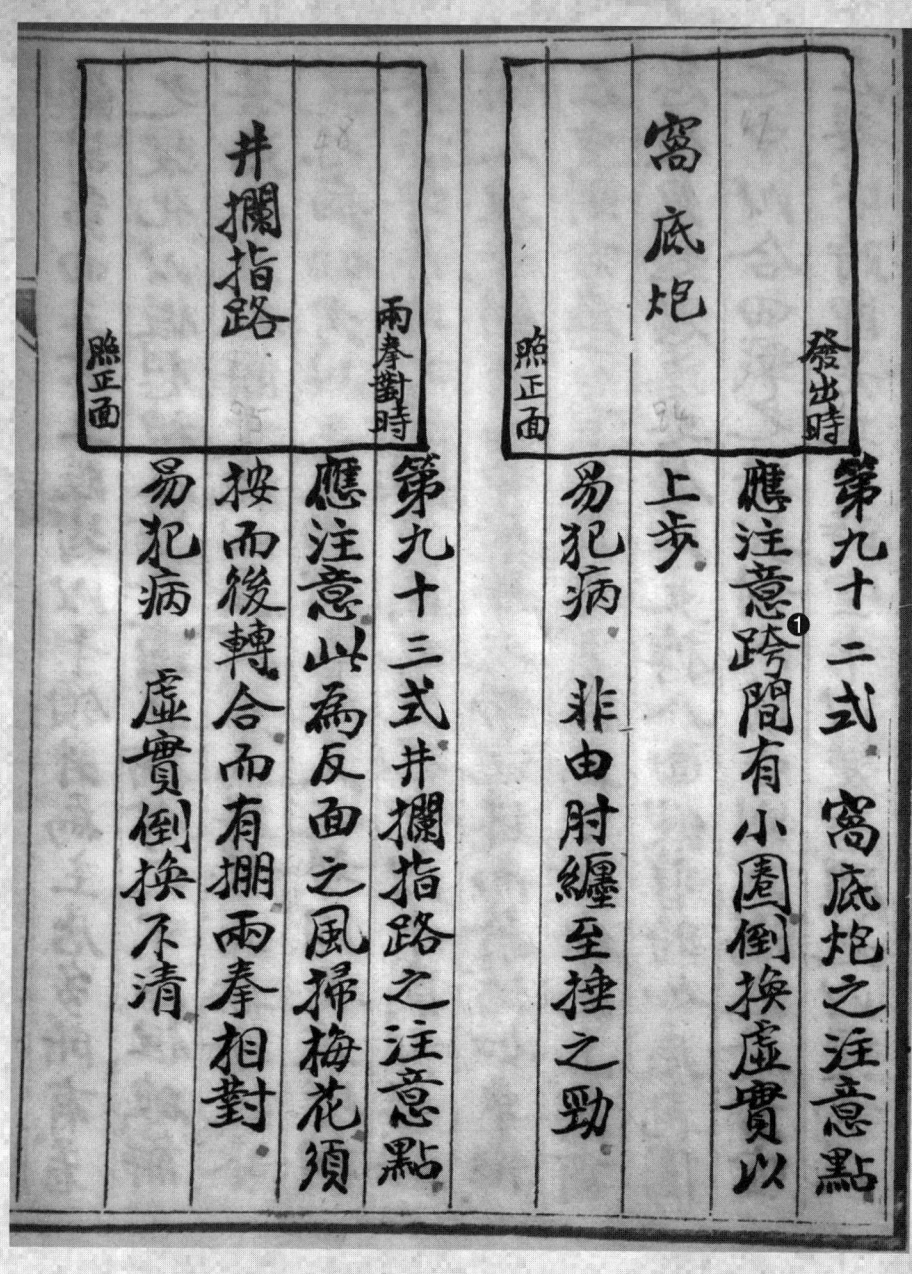

第九十二式 窩底炮之注意點

應注意跨間①有小圈倒換虛實以上步

易犯病 非由肘纏至捶之勁

窩底炮 照正面 發出時

第九十三式 井攔指路之注意點

應注意此為反面之風掃梅花須按而後轉合而有掤兩拳相對

易犯病 虛實倒換不清

井攔指路 照正面 兩拳鬪時

校注：

❶ "跨间"，应为"胯间"。

總計第四五六三段均以手領身為主居多所有着之變化以假想被人擒拿之中不但破解其法并在破解中施以反攻最為得勢而無舍近求遠之病細考此三段內用着擊人之勢均是攻守相兼亦守亦攻之法減少圍之變化多以半圓即擊如對人攻擊則有集中射擊之勢連珠而發活如車輪左重則右虛右重則左杳上換為下下換為上忽前忽後忽起忽落安舒以支撐八面練習時如處包圍之中以合四戰之法如對人防守則左漓右發右空左聲守時即是攻●時空中以變着躍起以變勢凡

此種種豈習安靜之第一趟所能辦到而此種遭遇乃為技擊中應有之章法如未曾練習此趟何能應付一切按照陳氏家譜有閒來造拳忙之句想來所造之拳即是此趟蓋陳家所存之譜明白寫係王宗岳氏所傳乃張三丰先生之遺留或者鑒於文多武少不足以盡其用故另製第二趟以完全其功用謂之補充則可若言太極拳為陳氏所當創則不可也如人練至大成時此項跳躍摩戰之法儘可不用惟不經過此渡口亦不能得達彼此岸也

第三趟太極拳架子總名稱如下

第七段、
第二十七項 94攬扎衣 95分掤勢 96下攦勢 97回擠勢 98封按勢
第二十八項 99前後招 100左右野馬分鬃
第二十九項 101上步攬扎衣 102抱虎手 103青龍出水 104庇身捶 105背摺靠 106單鞭

第八段、
第三十項 107玉女穿梭 108轉身攬扎衣
第三十一項 109上步六封四閉 110單鞭 111中雲手

第三十二項 112擺腳跌岔 113左右金雞獨立

第三十三項 114高探馬 115十字單擺蓮 116泰山昇氣 117指襠捶

第九段.

第三十四項 118上步攬扎衣 119六封四閉 120單鞭

第三十五項 121切地龍 122上步七星 123退步跨虎

第三十六項 124轉身雙擺蓮 125灣弓射虎❶ 126上步搬攔捶 127如封似閉指 128金剛搗碓

校注：

❶ "灣弓射虎"，應為"彎弓射虎"。

第七段 第二十七項

此項係五式所合成(由九十四至九十八)前項已經說明不再贅述如欲單獨鍛練在開始時加一太極初式即可獨立練習先以四正當先乃表明勁別之意也與第一趟同惟運圓收小以示由開展而緊湊之進步

第二十八項

此項係兩式所合成其實乃四著之動作此項動作最為簡單欲求內中勁別運用合法乃為架子內之最難者如前後抬即楊家之斜單鞭所謂斜單鞭者

并非站立之雙足斜立即為斜單鞭係內中之勁別與單鞭不同而有另一運用法也其勁別有如雲手惟雲手係平行挪步前後招係斜邁左右二步而轉前之勢若野馬分鬃完全係分開脊骨之勁前手須有下塌外碾之勁後手附帶內纏之勁須上下相隨變換虛實尤須兩膊相繫兩手上下相應完全為內勁運用外表極其簡單如內勁未行練習決無成就此所以合之不易也

第九十九式 前後招之注意點

半徑時 應注意前招以右手為半徑後招

前後招　點四五

以左手為半徑邁步斜行向前以連之　上下不相應　易犯病

分開時　野馬分鬃　照側面意

第一百式　野馬分鬃之注意點
應注意前手下塌外碾後手內纏
下分上下虛實分清
易犯病　兩手直分失去纏絲之意

第二十九項
此項係六式所合成以四隅手為主首尾二着乃連

貫之用前項已有說明不再贅述(計由百零一着至百零六着)

第三十項

此項係兩式所合成按照陳家溝係三級跳遠之勢穿身而出以轉身用符穿挼之形在揚家架子中乃以八卦掌之穿掌代之雖然祇有來回進退四着足以採取八卦掌之精華而有餘為活動步法之善法對此種取舍於太極拳甚有裨益不能以非原來之勢而非之故在此項內係採取揚家玉女穿挼之式較優也

第百零七式 玉女穿梭之注意

合時
點

玉女穿梭
照側面

應注意內中開合之勁及手足之
纏絲雙穿其掌以探其背步為左
右碾步須有碾意

開時
易犯病，步之虛實倒換不清一
手支架一手貼掌

玉女穿梭
照側面

第百零八式 轉身攬扎衣之注
意點及易犯病 仝前

## 第八段 第三十一項

此項係三式所合成如上步六封四閉及單鞭前項已有說明不再贅述惟雲手在太極拳架子內本有三項之多按照陳家規定分為上中下三種之區別

上雲手係下搬上掤之勁中雲手係內合外開之勁下雲手乃係外向內翻之勁姿勢上此較係由下往①上雲手係下搬上掤之勁中

上由內往②外由上往③下三種之不同主要均在採柔

其手使手與足之虛實變換相連手虛則足實則足虛然後一舉一動所有虛實無不應如聲響乃可得到上下相隨之功也此項所採乃中雲手此較

校注：
❶～❸应为"往"字。下同。

上下兩者收效尤宏也．

第百十一式 中雲手之注意點

應注意合胸揉背上下虛實并上
下相隨．

易犯病．鼓腰勁手出圈外

中雲手

開時

照側面

第三十二項

此項係兩式所合成如擺腳乃平行以足我雙手而
拍之須有聲響兩聲為練足之橫掃勁拍後即合然
後再分而下跌蓋用腿橫擊。不動時則身易下傾以跌倒練習下跌間手須有分掤之習慣以反擊人身乃跌中取勢使減少危險之用法也且跌下之姿勢右腿曲中帶掤橫跪於地左足伸中微畜可以凌空而起至最高之勢以行金雞獨立乃預備起後仍可用足以擊人也楊家名之為單鞭下勢其功用雖一然功夫上有難易之分至金雞獨立時以項係採勁乃雙手斜分而掤起之勢比較站立安穩提起之腿易於蹬出不致上下發生偏倒換右式金雞獨立時以兩手之內外纏領起全身容易得勢蓋太極拳用腿時無一不用手以補助也若單獨蹬出設

遇擒拿則挽救無術非太極拳所持之旨也

擺腳跌岔

照正面 跌時

第百十二式擺腳跌岔之注意點

應注意以足找手身不許俯頂不許丟而跌下時借跪蹲為起之發

易犯病 身傾一邊頂勁後仰

左右金雞獨立

照側面 獨立時 穩

第百十三式金雞獨立之注意點

應注意手之分掤勁倒換右腳時不可橫傾一邊而起以免站立不

易犯病 全身無掤發之意

第三十三項

此項係四式所合成如高探馬前項已有說明此處不再贅述迨在高探馬之末上步以按勁乃五手之按右手同時掤之於下交岔合之此之謂十字也用擺蓮腿而以左手擊右脚之外方因係上步之擊與前項擺蓮腿姿勢不同內勁亦異擺後收回其腿而以雙手上下之形五右分發之係借雙手之發勁將腿自然收回而挪轉之乃為太極拳惟一之變法此之謂泰山昇氣也再借氣昇之輕靈將右腿落下以揉其背試驗氣由脊發以行指禈挫如氣不由脊發則

校注：

❶ "交岔"，应为 "交叉"。下同。

高探馬

照側面

合時 第百十四式 高探馬之注意點

應注意在上一著獨立變化時須有寓前而再向後之意

易犯病 直徥後坐①

不易成為指襠而為聲襠捶也

十字單擺蓮

照正面

打腳時

第百十五式 單擺蓮之注意點

應注意交岔②時左手不偏右腿有掤勁

易犯病 上步無按勁

校注：
① 应为"往"字。
② 应为"交叉"。

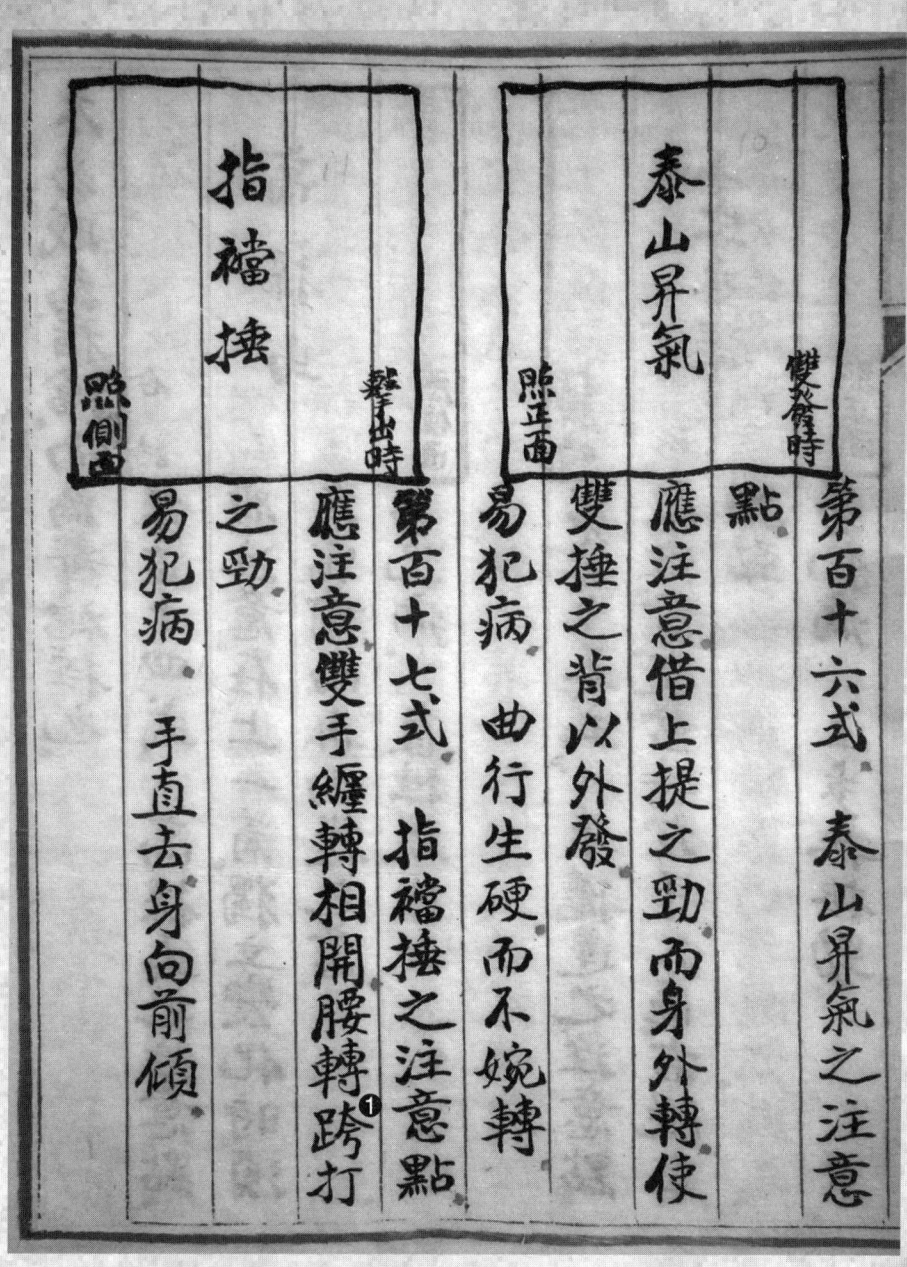

第百十六式 泰山昇氣之注意

泰山昇氣
雙手發時
照正面

點

應注意借上提之勁而身外轉使雙捶之背以外發

易犯病 曲行生硬而不婉轉

第百十七式 指襠捶之注意點

指襠捶
發出時
照側面

應注意雙手纏轉相開腰轉胯打[1]之勁

易犯病 手直去身向前傾

校注：

❶ "跨打"，应为 "胯打"。

二八七

## 第九段 第三十四項

此項係三式所合成前項已有說明毋庸再述惟此項攬扎衣以接六封四閉稍有不同乃多一上步之掤勁也（看數係百十八式至百二十式）

## 第三十五項

此項係三式所合成係以單鞭之雙開勁旋轉於後而下落成為切地龍前手之勁再領起身軀上步成七星之勢查七星之勁有如雙手被擒之勢在擒中以腕之摩轉掤出其氣功以解脫其銬之意也脫時退步以雙開而合而再開在此雙合則收其足雙開

則借其開勁以轉其身此項退步跨虎在楊家為直退在陳家為側退若直退則運用難側退則運用易且接下看尤易也

開時 第百二十一式 切地龍之注意

切地龍

照正面 點

應注意開勁旋轉至百八十度到腿下如開大弓然後換勁至前手易犯病 直開無圓手不旋轉

掌時 第百二十二式 七星之注意點

應注意兩腕纏繞而旋轉之開腕

| 上步七星 | 退步跨肱 | 第三十六項 |
|---|---|---|
| 照側面 勁 | 照正面 開時 | 此項以五式所合成借上勢開之勁以轉其身轉後 |
| 易犯病十一手置於一手下無意義可言 | 第百二十三式 跨肱之注意點 應注意合中寓開，中寓合由內外開以領身轉 易犯病，直往[①]後退致成仰病 | |

校注：
① 应为"往"字。

立定身軀時其雙手之勁必定為雙掤因凡太極拳所有轉身之勁切不可用向一邊之雙攉勁如有錯悞發生不但自身立足不穩而極易予人以陳非太極拳變化之法也如手能分掤則腿易起以行擺蓮腿然後再以🈯️擊其腿足為灣弓射虎隨即借射之勁以上步變為搬攔之捶就近發出發後之如封似閉乃為一貫之勁而以金剛搗碓收其尾係屬天然之段落也

注意點

第百二十四式 轉身雙擺蓮之

校注：

❶ "灣弓射虎"，应为"弯弓射虎"。下同。

## 轉身雙擺蓮

擺時

照正面

應注意有下塌之勁塌後以右足
找雙手而雙拍右足外面切不可
雙手找足也

易犯病，足平橫以掃而無圈走
之意

## 灣弓射虎[1]

射時

照四五

第百二十五式，灣弓射虎[2]之注
意點
應注意跨中生圈[3]為蓄而後發之
勁非擊打之射出也
易犯病，直前而射之太過

校注：
❶❷ "灣弓射虎"，应为"弯弓射虎"。
❸ "跨中生圈"，应为"胯中生圈"。

第百二十六式 搬攔捶之注意

上步搬攔捶

點
應注意先蓄以收合旋轉而發出
易犯病 發出不以捶夾且無發出之勁

第百二十七式 如封似閉指之

注意點
應注意手換而身化上半步以合之

如封似閉指

易犯病 身後仰而露胸

二九三

第百二十八式 金剛搗碓之注

| 金剛搗碓 |

意點　應注意在外掤中以內纏
易犯病　勁向內翻以引入身

總之第七八九三段之勁可謂式口俱備而姿勢上運用比較前二趟尤為難練非功夫已有相當進境後不易運用至恰到好處可為練習功夫之架子也如第七段均係內勁若內中未具此勁即如何摹仿動作亦不能得其神也如第八段乃腿上功夫

功夫不到則站立不穩跌下不能復起乃由手化之功進步而至身化之法也如第九段則有解脫擒拿之法手腿兼用文武俱備正隅相變用此以收束太極拳之架子正見精彩之所在也以上各項合之可為太極拳之全套分之則為三趟架子再分則為三十六項練習法單練則為百二十八式合練習時將每式加以修正務須與工心解所定之理而相對照無訛繼以審查運動時身體不生扭之病使一舉一動順遂便利而後再進一步練習一項之架子使一項內能連貫如一務須審查承上接下之處使之

婉轉圓活以接續無縫三進再練習一段務使一段之運用相連掤勁充足而後再四進練習一趟以示氣功能鼓盪收歛精神能一貫到底迨後五進再練習全套自能得盡太極拳之妙用矣按此程序以增修則較此籠統以改正其成績自是不同容易進步矣。

## 第四十一章 有意義之走架子

鍛練太極拳之功夫完全在架子此無人可以否認者也故架子之結構務須有各種動作各項勁別使之一一俱備而後方可以此功夫應之於人若走架子時專管活動而不計內中勁別則無意義之可言空空如也何能增進功夫雖練習甚熟而不免有所徒勞往復①之處矣是知劃○圈揉○手決不能即算盡太極拳之能事也凡練此拳者無不知內中以四正四隅作骨幹則走架子時應有此八法寓於其中方可使此八法之勁著繼長增高若顧及連而不斷

校注：

❶应为"往复"。

柔剛無別游泳以劃圓蘊藉以作勢何能收此八法之功乎既無此功則推手亦無意義之可言矣推手乃試驗變換此八法之功是否靈活以定架子為體推手為用若功未得是根本無何能論及應用手現在架子種類甚多各執一是其所以分派自成一家者是否為其個人有何心得姑不具論派雖可分然其中作主幹之八法則一決無人能離開此八法而另成一太極拳也是以無論何泒其走架子時應將此八法充分表現於外功夫自進由外顯而內隱此為不可越之階級也故不論何泒之太極拳練習

校注：

❶❷❸❹应为"派"。

者均應就其常練之架子先施以拳經之工心解逐一審查以去其病再按照常走之勁分別八法造成一表以便自己練習有所著力及遵循此而後一舉一動決非妄動可比內中自有意義可言矣茲選定陳法科[1]先生之架子作一例題以便各人有所取法另成一表其所以選此架子之故因陳長興先生一支傳留至今代口相承未有中斷復因家居務農樸實誠懇無敢自恃聰明變更祖上遺留之式樣及勁別以合時流是以有此假定若施以第一步審查凡工心解內所規定之方式無一不備故不揣冒昧將

校注：

❶ "陈法科"应为"陈发科"。下同。

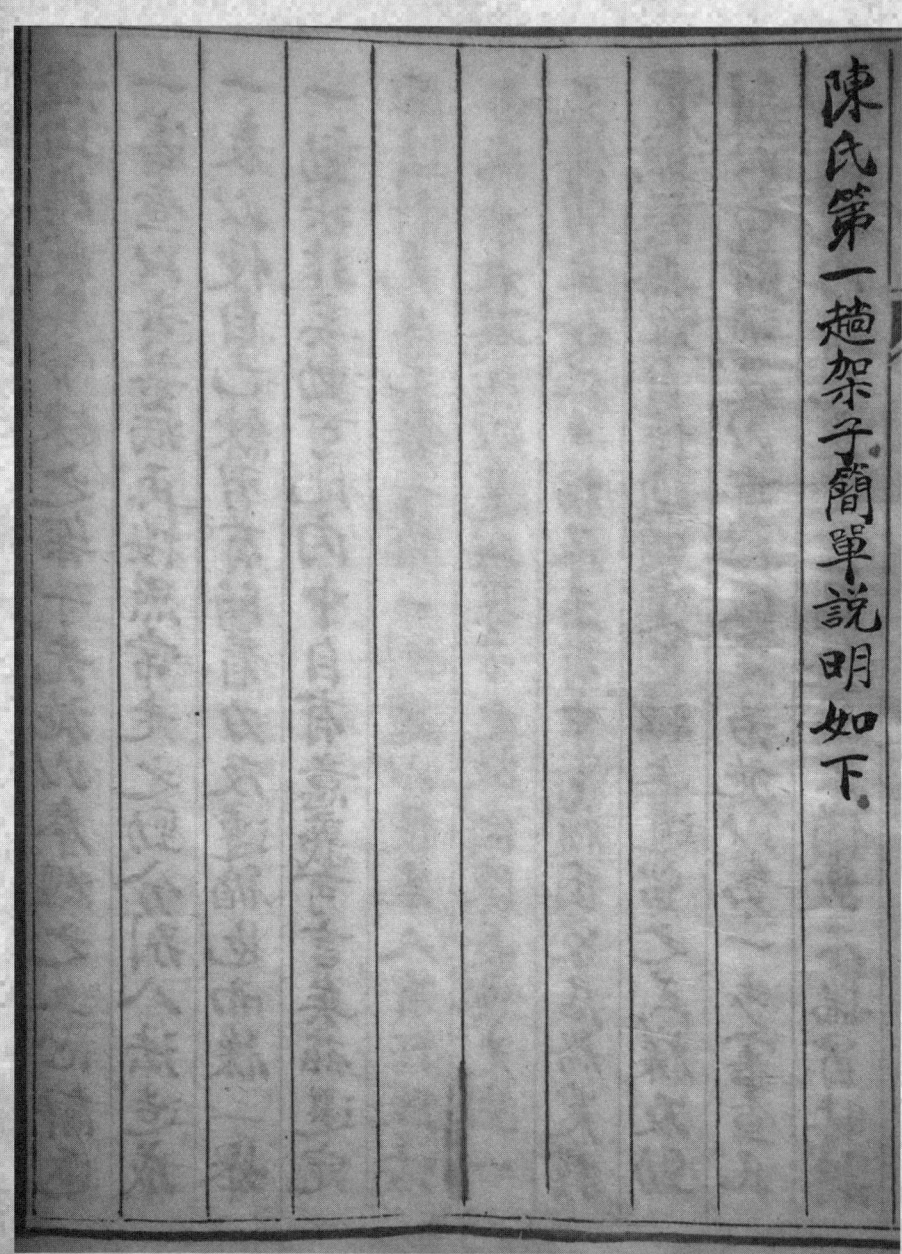

## 陳家溝陳法科先生之太極拳十三勢勁別表❶

| 區別 勢別式 | 名 勁 | 別 步 | 法備 考 |
|---|---|---|---|
| 第一勢 太極出式 | 右掤左攦而分掤 | 劉❶馬步 | 陳家溝有其勁無其名 |
| 第一勢 金剛搗碓 | 全攦而全掤 | 劉生馬步 即各項掤攦之勁 |  |
| 第二勢 攬扎衣 | 橫採掤攦擠 | 坐馬步 |  |
| 第三勢 六封四閉 | 坐攦而按合 | 逼步 |  |
| 第四勢 單鞭 | 掤攦捌靠而攦按 | 坐馬步 |  |
| 第五勢 金剛搗碓 | 全攦而全掤 | 歛步 |  |
| 第六勢 白鵝晾翅 | 橫採而分掤 | 斜覽仙人步 |  |
| 第七勢 摟膝拗步 | 掤攦而掤按 | 斜覽馬步 |  |

校注：

❶应为"发"。

第初 收掤攦而合掤 仰女步

第四 斜行拗步 掤攦採而攦按 斜行步

勢再 收掤攦再合掤 仰女步

第五 前膛拗步 掤攦採而分掤 仰女步

掩手肱拳 掤攦而後捌 坐馬步

勢 金剛搗碓 掤攦合而全掤 斂步

第 抱虎手 掤攦而後採 撒步 陳家溝有勁而無名

庇身肘 掤攦而後肘 坐馬步

青龍出水 掤攦而後捌 坐馬步

六 背摺靠 掤攦而後靠 逼步

肘底看捶掤攦而後肘翻仙人步
倒捻肱掤攦而後採鉤回步
白鶴晾翅掤攦合而再採掤仙人步
勢
樓膝拗步掤攦採合而分掤仙人步
第閃通背掤攦轉而下捌翻身步
七掩手肱拳攦而後捌坐馬步
六封四閉坐攦而按合逼步
勢單鞭掤攦捌靠而攦摟坐馬步
第上雲手攦掤而攦掤坐馬步
高探馬掤攦而採仙人步

左右分脚掤攦而分擦仙人步

蹬一根子合攦捌而蹬仙人步

前膛拗步按攦而攦按冲步

栽捶掤攦而捌釣馬步

翻身二起脚掤攦壓領起捌翻身步

護心拳掤攦肘而攦捌坐馬步

旋風脚掤攦合轉而內擊仙人步

蹬一根子掤攦而平蹬仙人步

泰山昇氣單攦收足雙掤捌仙人步 陳家溝有勁而無名

掩手肱拳掤攦而捌坐馬步

六封四閉掤攦而按合遁步

勢單鞭掤攦捌靠而攦按坐馬步

第前後招掤攦而攦掤斜步

野馬分鬃掤攦而攦掤採曲步

單鞭掤攦捌靠而攦按坐馬步

九玉女穿梭攦合採而躍進追八步

攬扎衣掤轉攦而橫採坐馬步

六封四閉掤攦而按合逼八步

勢單鞭掤攦捌靠而攦按坐馬步

第中雲手掤攦而掤攦坐馬步

擺腳掤攦而外擊腳仙人步

跌义[1]掤攦開而下蹋蹋步

金鷄獨立提起而分掤攦仙人步

倒捻肱掤攦而後探勾回步（後攬）

十白鵝晾翅掤攦合而分掤攦仙人步

摟膝拗步掤攦操合而再操斜攬步

閃通背掤攦轉而下捌翻身步

掩手肱拳攦而下捌坐馬步

六封四閉坐攦而按合逼步

勢單鞭掤攦捌靠而攦按坐馬步

校注：
❶ "跌义"，应为"跌叉"或"跌岔"。

第下雲手掤攦而掤攦坐馬步
　高探馬掤攦合而探仙人步
十十字腳掤攦合而外擊腳仙人步
一指襠捶掤攦而捌坐馬步
　泰山昇氣單攦收足而外分掤仙人步
　猿猴獻果掤按而按逼步
勢單鞭掤攦捌靠而攦按坐馬步
第切地龍分掤攦而下塌蹲步
十上步七星攦提而轉掤歛步
二勢下步跨肱分掤而攦合撒步

第雙擺腳雙掤攦而擊外腳仙人步
十三當頭炮掤攦而雙捌鋤馬步
勢金剛搗碓全攦而全掤歛步

此表乃舉其大概非求人照此表練習乃願人就
其常走之架子自己造成一表以自遵守則其功
夫之增進當事半而功倍矣

# 第四十二章 太極拳之十八種練步法

太極拳所以異於各家之處在勁之運使不在姿勢之不同前章已有論及蓋他項拳術精神以能抵抗為主故一切鍛練法力求能抵抗得住不為他人所動搖乃為最高目標雖然其中亦有巧著之施用以輕取重根據力學內槓桿之理以應於人惟在自身總以不為人動為第一問題也若太極拳者乃反其道而行以不抵抗為主而禁止閃躲離開須在沾黏之中以求走化人之來勁兩者根本上完全二樣名趙一點分道揚鑣是①兩者決不能溶和為一而同時練習者也倘在一時練

校注：

❶应为"分道扬镳"。

之則身體內有兩種相反之要求結果必至兩者俱傷不能達到所求之目的矣有時他項拳家本有高深功夫者稍將太極拳原理施之於紐結而不能動之時亦能應用於人但內中仍以他項拳術為主也此種原理施用乃是太極拳一部份之瀉法而非太極拳之化勁功夫也有時專學太極拳者亦有因祇學一部份柔勁功夫自己感覺不足應用若稍學他項拳術之擊法以溶之亦能收到相當之功效然所得之勁乃手臂上一部份之勁非全身均能貫之以擊發也按此兩者雖可吸收一部份功用以補其缺但與專練一家者情形

不同蓋以科學原理證之由柔成剛易因係久柔之後貫以掤勁自能至於堅剛且所成之剛乃圓轉之剛非直勁之剛足以合乎要求也倘欲由剛成柔則甚困難因係逆行之序也蓋人身已有硬直之習慣若再改之成為柔圓是毀去原有之堅硬換去直來直往之精神誠不易達到此境矣因太極拳之病乃他項拳術之功換言之太極拳之功亦係他項拳術之病也故有時以苦練結果手臂稍可以改良足腿不易更改一舉一動跨偏膝直之病仍然存在結果成為上半身為太極拳下半身非太極拳是為一種畸形狀態之太

校注：
❶應为"往"字。
❷"跨"，应为"胯"。

極拳矣尤其在開合轉換時容易表顯其姿態此因步法未有嚴格說明未曾注意改革所生結果之一也若專門研究太極拳者為應用之故苦於堅剛之不足自有第二趟拳在不愁不夠其用如零星採用其他拳術之散手因步法之關係有時反窒動原有太極之姿勢以成病矣查現時太極拳架子內之步法言之可謂五花八門各盡其變化之妙但拳經內未有專論又無統計致無法證明其種類及功用之注意點是為遺憾耳若考諸拳術之根莫不藏於步法之中如步法不善不但足根易斷即手法亦運轉不靈亦可說到步法不適

当足以影响此第三主宰①地心之功病也步法既如是重要学习太极拳者岂可置之不问含糊以过手此所以正须加以研究之理也

考太极拳之步法与他种拳术之步法并无有何不同所异者仍在内之劲别与运使方法耳兹依据武当拳之十八种练步法以选此太极拳之步法名词与步法命名之意是否相合暂且不计惟太极拳因有武当拳之规定法得以统计其步法使人注意而专练之亦计之上者也兹分别说明如下

1 蹚步。乃足尖微翘起足跟落地之迈步有如用物垫

校注：

❶应为"主宰"。

三一三

起足尖之謂也凡太極拳之邁步無不具此形勢蓋太極拳定理邁步之足均為虛步之邁待虛步達到安全後將勁倒換再變為實步此乃最安全之邁步不虞步將達到時為人所乘此為太極拳特有之作用也

又後蹬步 乃以後跟墊起用於向後退之步法也其作用與蹬步同亦係先以虛臨之委後而再落實也因此兩種為太極拳進退之基本步法也

3 碾步 乃擦地旋轉之步也無論前後左右順逆之旋轉均須碾地面而行之靈活而不浮則轉換時不致

發生前俯後仰之病也試觀練習一趟太極拳後地上遺留多數之圓圈即為此碾步之成效也

總之以上三步向前則用聳步退後則用後聳步旋轉則用碾步乃太極拳天經地義之步法也

4沖步 乃提起腿足而上起之步腿必須有圈而上掤之勁如前蹬拗步等步是也

5撒步 乃由裏而往外開之步腿必須有圈而開之掤勁如抱虎歸山等步是也

6歛步 乃由外而往內合之步腿必有內合之攦勁上下相隨以歛之如十字手等步是也

<small>乃楊家練時之先師口授而藏於心下二十五步法即</small>

7曲步 乃劃圓形以出之步腿必須有內纏外反之精神如野馬分鬃等步是也

8蹋步乃落地震腳之步腿必須有舉而下捌之勁以驗其勁整如趨掩手肱拳等步是也

9坐馬步 乃如坐馬形之雙沉步腿必須合住而有掤之勁如卓徹門閂等步是也

10釣馬步 乃如坐馬形之坐馬步也腿與手須有相應之勁有虛實之分如虛實手等步是也

11連枝步 乃連續跟進向前邁之步腿須圍而續發如二趟串梭等步是也入字步亦為此種步之變化步

法也。

12仙人步。乃上拔內收足尖點地之步腿之姿勢須使臁圓并有內合之勁如白鶴晾翅等步是也

13分身步 乃雙足絞而內合而雙開之步腿必須有雙攦雙掤發之勁如二趟裹變等步是也

14翻身步 乃迴身以背而後轉之步腿必須有順逆纏之勁如撇身捶等步是也

15追步 乃飛身躍出之步腿必須有轉而後掤之勁如二趟纏勢帶臁等步是也

16逼步 乃前行而後跟進之步腿必須有前掤之勁轉

而逼之如六封四閉等步是也

17 斜步 乃向左右挪動之斜步腿必須有上下相隨之勁如斜形等步是也

18 絞花步 乃以腿繞而絞之以轉旋之步跨須不偏而腿有轉掤之勁如二趟轉身倒騎麟等步是也

以上十八種步法第一趟太極拳內佔有十二種第二趟內佔有六種在此十八種內尤以為首之三種為太極拳必要之步法離手此則不能稱為太極拳之步也

太極拳邁步合步均須具有纏絲勁寓於其中而後方有掤勁之可言方可得周身一家之功用所謂周身一

家者乃周身均有纏絲豈可手有而腿無即稱為上下相隨節節貫串乎因為腿步如有纏絲則邁步合步及旋轉時自無直腿摺跨[1]之弊此太極拳與他種拳術最易分辨之處總之無論他項拳術而改學太極拳者或即太極拳專門者均有注意步法之必要步法不精則手法不靈身體轉換亦不順遂矣惟學習之時期與他項拳術異他項在抵抗故以練步為開始太極拳在靈活須待腰脊頂已有純熟習慣後方可練之蓋此時可免顧上失下之虞也其練法按照太極拳之纏絲勁將每種步法提出單獨專練之務須邁步合步及旋轉時

校注：

❶ "跨"，应为"胯"。

腿有掤勁不直膝不摺跨[①]足跟之內部着地 以免發生外擺膻之病影響地心主宰之越範是為至要耳

校注：

① "跨"，应为"胯"。

## 第四十三章 慢而快與快而慢

凡練習太極拳者無不知太極拳所以異於各項拳術之處在動作遲慢為惟一之標準若快運則不承認為太極拳之動作矣且練習者因久久實行慢運之故自身感覺因慢能使功夫沉著不過同時亦有一種懷疑之意蘊藏於心中以平時既動作如是之慢一旦他人以快臨之將何以應之觀拳經有云動急則急應動緩則緩隨平時既然在緩徐上注意并未練習走快之方法一旦臨以快勁安能動急以急應哉但練習者在初學時動作稍快則教授者在傍❶常以不應快而戒

校注：

❶ "在傍"，应为"在旁"。

之致一斑練習者常懷疑此種限制而不解其理倒底抉者對手慢者對手有時練慢之習慣者將太極拳一趟架子故意延長至三十分鐘之久因以自豪於人曰稱功夫之深莫可與京試思每一動作緩之又緩神色呆如木雞虛實變換進緩之極中間無勁別之可言徃外無掤徃內無攦即有之亦因徐之又徐而顯別微之又微內中遲笨無以豪無鼓盪之氣其精神無內歛發揚之能全身關節雖然鬆開而不能調整猶若水中游泳之狀毫無掤勁可言以此種種舉動自難免有摸魚之識何能稱為投擊哉及觀夫太極名家善能擊人

校注：

❶ "一斑"，应为"一般"。
❷ "倒底"，应为"到底"。
❸❹ 应该"往"。下同。
❺ "豪无"，应为"毫无"。

者若考其在擊人時之狀況決非練習時所具之形勢也平時練習既如彼臨時應用又如此可見平時練習時架子走化之精神決非應用時之精神也是以練習此拳者每覺此拳之外必定另有其他方法以補助動急之用殊不知太極拳功夫之養成全在架子內所有之動作即是應用於人之動作有以練習之習慣而本此習慣以臨人決無其他方法參加其內此太極拳者所公認之理也然則架子快慢之練習目必有一種研究在焉太極拳架子之練習在最初不是練勁是活動筋骨鬆開其關節使一切動作有圓形習慣氣

流有貫串要求務令全身順遂而後一切動作方可便利從心并欲檢查練拳動作時之身體如脚如腿如胯如腰如脊如肩如肘是否順遂能否貫串一致并自顧向前退後左顧右盼能否得勢所以在此時期內必須沉着心氣研究全身之不順遂處及不得勢處方有改革之望在此時期內若動作迅速則無法研究其受病之處矣何況一勢之便利一勢內當然亦有一勢之易出病處如不遲慢其動作安有時間改正其弱點乎此太極拳初練時應有根本上之審查研究其易於出病之處此所以不得不遲行慢運以供自身之檢查

此其大原因之一也。

如關節已經鬆開動作已有圓形習慣各項關節受病之處業已去掉此時即應練習內勁內勁之發生中間包藏有意意之所動而後勁即隨之惟勁有活勁滯勁之分要其能生活勁而不許有受滯之勁此時亦應慢運然較鬆開關節時已加速矣若不稍速不足將意義包藏於動作之中但太極拳之活勁及圓勁并非人生原有之勁蓋人之動作如拿攜等之伸出收進手雖有圓意而手之本身不能滾之以進出故太極勁在人之身平中并無基本之量必須從新練起係由零點修練

而來以期日漸增高蓋練此種勁時如快運則浮而不實反之以呆板慢運則勁不能活內中又無意義之可言矣所以在求勁之時期必須每日動作起點須慢運終點須快行快後變換另一着數於摺疊時則又為一起點又須慢運矣故欲求圓勁之加增必須於動作始緩終速以運之若架子有緩速相間之作用則氣自鼓盪精神自能內歛血與發揚矣拳經云練習架子要勻清所謂勻清者乃指架子內每一開合均是起點慢而終點快以至於全路架子之開合均是起點慢而後快所有之快同一快所有之慢同一慢此之謂勻能如此以

求勻自能分清各種勁別矣是之謂勻清并非每一開合內始點與終點一樣速度為勻也倘果如是則木雞之呆形豈能免手內勁何能增進手此學習者應打破時俗之悮解以免走入歧途以運勁之病悮為運勁之功也如人能達到勻清之境在況着範圍之內動作愈快愈妙其加速之快以快而不浮為標準倘能之再進一步以求快是將運動之圈縮小在外表觀之似手由快而轉慢矣其實內部之勁仍然極快也練有快之能力存在圈走之線能放大能縮小以備對方之來勢而後方可談到動急則急應動緩則緩隨也

故練習太極拳者最初力求鬆開關節以便檢察毛病此時宜極慢待關節檢查已過再求勁之發生以每一動作起點慢終點快為發生新勁之正軌如此內勁已具而能分別後即宜縮小動作之圈力求緊湊外形雖慢而內中仍是快也故練習此拳須有速之能力雖在速運之中而能沉着便速度不顯於外此為太極拳關於快慢之正當途徑若練習此拳者無能快能慢之功夫何能合乎技擊之精神也哉

# 第四十四章 連而斷與斷而連

凡練太極拳者都知運勁須連而不斷因為太極拳之精神用於技擊在沾黏連隨設若斷之以練習則失去此種精神為不沾不黏矣況初習時若不連貫而練何能檢察運動時關節所生之病何者為順遂何者為不順遂乎惟所運之勁內中未有不斷者如若真有不斷則不復分清八門之勁別矣所運之圓勁無異畫一全圓若全圓之勁平勻而走自不易分出掤擾之勁矣但在初學時在檢驗關節不得不如此若長此運動則工夫不易長進精神無內歛發揚之能有失技擊之功用矣

拳經云勁斷意不斷神可接因初學時欲鬆關節不得不連之而運如過山時期則每勢終點求其所發之勁能斷因為能斷無論若何開合之勁均能繼長而增高蓋勁不斷則無外出之意而其勁決不能發出矣惟人身我中之掤勁則無時可斷若斷則失去彈性近於偏矣故有彈性之掤勁藏於身手中不因蓄時有不發時無若能常有之仍可應用於人蓋掤勁之主為氣之主為意也若意已斷則掤勁完全放盡無有含蓄則俯仰生為所以發勁要斷而意萬不可斷因意在則掤勁仍然存在可以轉換變化不致為人所乘有如人

持刀就石前而磨之刀向前磨則以勁向前速行以送之前送之勁非斷不能得磨之用然持刀之勁仍然在手也此即意不斷之功若意斷之送則送後不能即回而刀亦脫手而出矣是以普通人受對方攻擊之弱點徃徃在舊勁已去新勁未生之際失敗多在此青黃不接之時漏此空隙易為人所乘故太極拳功為免除此種空隙無論何時掤勁均無斷時則不致為人所乘也若在太極拳本門較手雙方均以圓勁相尚當然可以互相沾黏不脫除去發勁時不易使勁斷折倘與他項（棒術）對待人以方直剛脆之勁相加或以疾風驟雨之勢猛

校注：

❶应为"往往"。

勇襲來以如是情形而應之則勁難免有斷時若勁有意在則自能接此斷之勁也所以太極拳以接勁之為第一原則則勁有殘盡續發有餘裕故身手不許伸直乃為接之預備也而後方可以摺疊填補其間此接勁之法也故勁須練習自動能斷而意不令斷習之既久則勁斷時於不知不覺中有一摺疊生焉且此種摺疊起點與終點為相反式如意欲向上轉之必先寓於下轉再逆向上轉而接之練習時能接自身之勁而後方可練習接續他人之勁故練習太極拳者在鬆開關節時求勁連而不斷及求勁時則求勁斷而意不斷

與人接觸時則以神爲主萬不可斷神若斷則勁意俱斷百體無主俯仰無着落決不能與人爭勝矣故接爲連斷之中堅不會接法則不足稱爲投擊先練習接己之勁而後接人之勁方稱完全其用是斷接二項功夫爲太極拳修練之必要功夫如不得斷接功夫自身開合之勁常蓄之於己身中不能越出身外以加之於人如不會接人勁之法則對方襲來無法以粘住對方一部此斷而復連之意也連而斷爲一時期斷而連又爲一時期斷連之間爲接法接法形勢基於摺疊之中摺疊之法以反始以正終先求意不斷設有意斷而能

以神補此練習太極拳者應知之根本也意在則掤亦自然在焉意若斷則無所謂掤矣所謂意斷神可接者乃因有神在則內中尚有若干掤勁殘餘於內猶可接而續之以補意斷之害也若神已無之則掤勁已完全散放無餘矣安得不生俯仰哉此修練斷接應有之過程也拳經云收即是放放即是收斷而復連開而復合乃指太極拳之勁在收放之間不能不斷惟斷後能連是為太極拳必要之功夫第一圖乃摺疊而回之接勁第二圖乃摺疊而續進之接勁均為斷而復連之功接勁之主

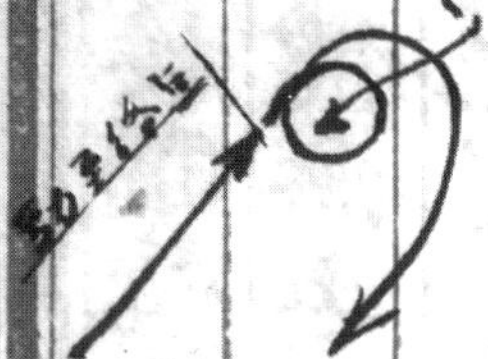

圖一

第一以氣之吸而成圓圖

以神補之

以氣補之

三三四

第二圖

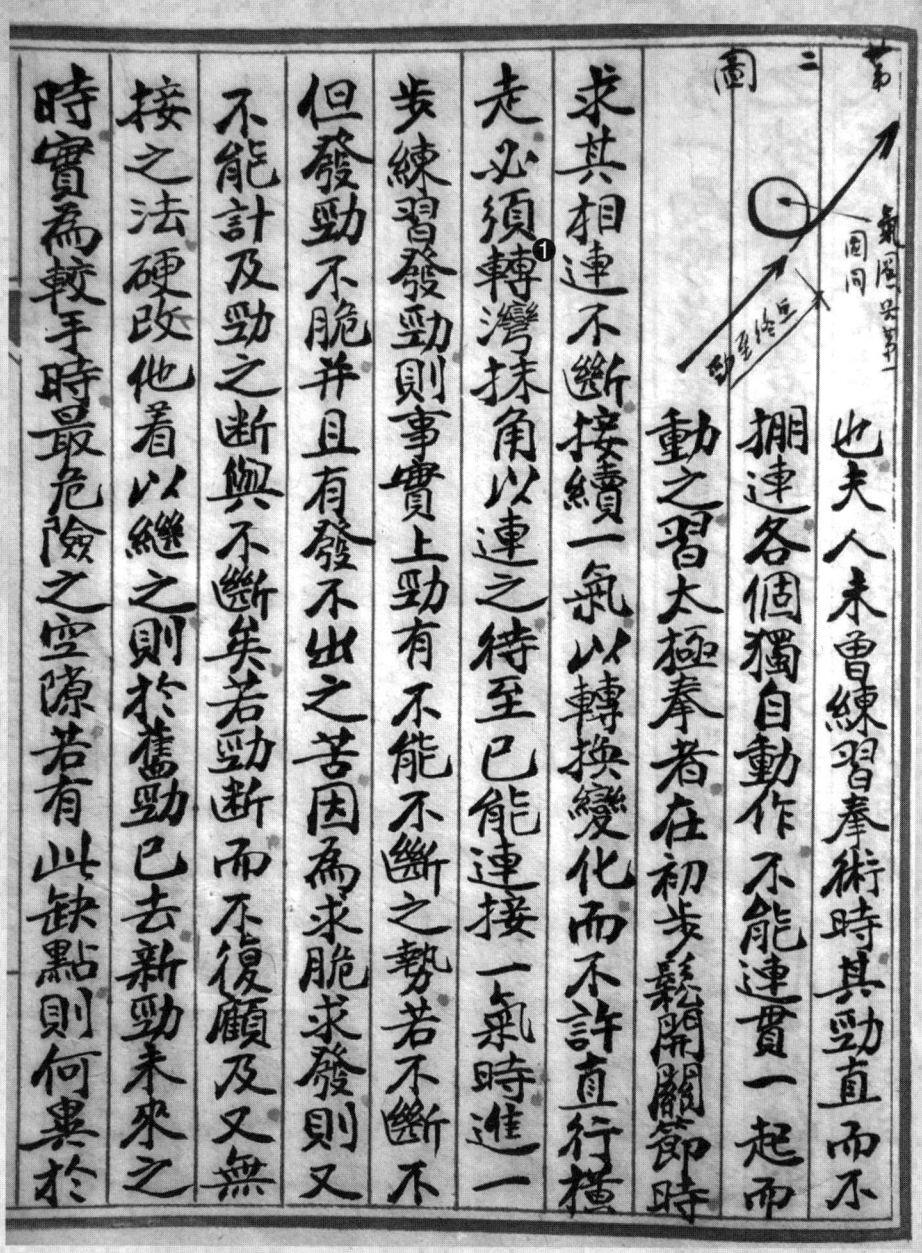

也夫人未曾練習拳術時其勁直而不
掤連各個獨自動作不能連貫一起而
動之習太極拳者在初步鬆開關節時
求其相連不斷接續一氣以轉換變化而不許直行摟
走必須轉灣抹角以連之待至已能連接一氣時進一
步練習發勁則事實上勁有不能不斷不能不脆不
但發勁不脆并且有發不出之苦因為求脆求發則又
不能計及勁之斷與不斷矣若勁斷而不復顧及又無
接之法硬欲他着以繼之則於舊勁已去新勁未來之
時實為較手時最危險之空隙若有此缺點則何異於

校注：

❶ "转湾抹角"，应为"转弯抹角"。

他種拳術手所以太極拳為彌補此項缺點而以摺疊擔任以氣動之以圈應之天衣無縫恰當其時蓋發勁至最後之一點其時氣之呼出亦以達到轉換為吸氣時借吸氣轉換之空間手中發出之勁自然連帶而轉換矣因發勁至終點時如意不斷則可以用氣瀰而轉為勁補如補後仍舊前行則領步以就手可以繼續再發矣如補後不欲前行而欲回轉或向左右外行乃另一局勢成矣事實上已接其勁為第二著其以為接之妙用因是若勁斷能有接法則勁仍等於未斷練習太極拳者不怕勁斷只怕斷後不能復連或連之非其

地非其時造成接之病乃為可憂耳歸根仍是以氣功作斷接之主宰也[1]

校注：

[1]应为"主宰"。

## 第四十五章 柔而剛與彈性之關係

凡練太極拳者莫不知太極拳乃是不準用力之拳術。凡用力者決非太極拳在北平之人有見河南之太極拳者。加之以名曰此硬功太極拳也武太極也或曰太極洪拳也如河南之人對於北平江南柔運之太極拳往[1]呼之曰此獺拳也體育武之太極也或曰游泳式之太極拳也互相菲視是己非人如吾人置身武術團體之中常聞此種論調其實各種判斷並非真正太極門中人之言也真正太極拳之功夫莫不以兩儀為用內中含有剛柔兩者之功用純柔固非太極拳用

校注：

[1][2]应为"往往"。

純剛亦何嘗是太極拳蓋能柔不能變剛或能剛不能變柔均非太極拳命名之主旨也若觀夫陳家溝之嫡派❶及楊家之嫡派❷所練之太極拳式樣大致相同而內中之勁均有剛柔兩者之功所差異者乃剛柔成分問題如陳家溝者約有剛六而柔四楊廣平府者約有柔六而剛四之形耳至於一斑❸純柔者或純剛者均已失去太極拳兩儀之原意可以毋庸討論矣夫太極拳之優點全在剛柔兩者之變化而以變化深淺為功之高下倘柔時能柔至極點剛時亦能剛至極點此上乘太極拳也在太極拳練習之初係以柔當先因柔能

校注：
❶❷应为"派"字。
❸"一斑"，应为"一般"。

使關節鬆開血管細長氣流遲速但運柔時自有時間限定並非自始至終永久而作柔運也因柔者乃鬆開關節小學時期之練習法也如自小學而至大學專用純一之柔運決不可也用純一之剛運亦不可也奉經云外操柔軟內含堅剛極柔軟然後極堅剛乃指練習外方柔軟之極而後再習內部之堅剛也所謂極堅剛之質者莫不具有柔之功及彈之性山柔質乃有彈性之柔如鐘表之彈簧鋼帶等類是也然決非如棉紗麵茶之柔也故柔中須有彈性之柔即太極拳所謂掤勁之柔也如在第一期乃求鬆開關節之柔山時無須求

有彈性乃求鬆開及化去僵勁之練習也倘小學時期已過則須求柔中帶有彈性含有彈性之柔爲技擊之柔柔中加有彈性則外表容易現出剛勁其實內部仍然用柔性以轉換也此時最易被人悞會爲剛性太極拳矣如在此時期常日鍛練使外現之剛漸漸內歛愈深內歛愈甚外表視之已由柔而剛再由剛而柔矣其實此柔中已含有彈性即所謂內含堅剛之勁矣此時方可達到太極拳之真精神因太極拳須含有剛柔二性者也在運化之時剛隱於內發放之時剛現於外倘能柔隱於內能得愈深如彈簧壓使之極內則脫

三四一

扣發現於外自得極端彈性之堅剛矣此所謂極柔軟

然後極堅剛是也并非練成如棉絲之柔而極柔後自

然而然變成鋼鐵之剛也此練習者慎勿為時俗所惑

解以為儘力往無彈性之柔處走走到極點自成剛也

是以練習太極拳者開始非柔運不可非柔則不能鬆

開關節養成圓之習慣然後再往有掤勁之柔走掤勁

充足則徃彈性之路前進即一勢一式一動一轉莫不

求有掤勁包含其中掤勁之中又以氣功為主氣功之

中又以心為主也然後以心行氣以氣運身氣中生掤

掤中生彈性有彈性而後外柔內剛成矣待此項習慣

養成後再求其內歛成為外柔內剛之性或柔或剛之能此乃太極拳練習之正軌決不能自始至終專習柔性而無彈性之掤以為中堅即可號稱太極拳亦不能專習剛性而無彈性之柔蘊藏其中即可稱為太極拳也明矣如無彈性之掤豈非棉花之架安能以應對方之勁安能知對方勁之動靜變化以與之週旋哉如無彈性之剛豈非生鐵之棍安能隨屈就伸舍己從人以應對方之勁乎故認為太極拳柔為對者小學時期之觀察也認為太極拳剛為對者中學時期之觀察也及其成也進入大學何能有剛柔之分務須亦剛亦柔能

剛能柔也惟應知者柔而不許生滑病剛而不許生滯病柔有掤性藏於內而不為人所遍剛有彈性隱於內而能掤得人出此練習者所宜最注意之道柔是氣隱於內剛是氣顯於外欲求極柔軟是使氣隱之極欲求極堅剛是使氣顯之極明但內中仍以氣功之量是否飽滿充足作主窜①也

校注：

❶ 应为"主宰"。

# 第四十六章 輕而沉與哼哈之關係

拳經云輕則靈，靈則變，變則化，化則擊，可見輕為太極拳所希求之第一點。因為能輕則變化靈活屈伸動靜自得曲誠之妙，故練習太極拳者徃徃①在輕字上用功夫。一舉一動莫不以輕相高，若重之則易致足下填實，過轉不靈身體笨重舉步艱難，不足以應對方之轉換矣。故練習者盡力求輕徃②，因為輕之故而不敢貫掤勁於身手之中，以免妨害於輕，因是注意求輕為靈活計徃③，流於浮矣。因浮則身氣無主，足下無根，雖能變換靈活，但自己根基已形不穩，自不足以應人之勁也。

校注：
❶❷❸应为"徃徃"。

况轻中若带浮则縹眇①无着落何能得知人劲以豈發手故除去初学时因鬆開關節之故不得不求輕以便氣能貫串於身中若故意使用沉劲往②流於鼓劲近於重實則氣因劲鼓以遲重因遲重而閉塞未得其功已受其害矣是以欲求沉劲須經過輕劲應在關節鬆開之後再求沉劲自然不致妨害其輕以意沉之使氣隨意而沉因是劲亦隨之而沉矣此沉乃是真沉非滯重之比也因為有沉則一切捲放蓄發均可行之矣捲中無沉則對方之根不能起而己根先起矣故中無沉則對方足失不能起而自己先生抗矣蓄中無沉則劲

校注：
① "縹眇"，应为"縹渺"。
② 应为"往往"。下同。

為平行牽不動對方之身焦發中無沉則勁之集點在人身之上部發不得人起矣因無沉勁則身手中浮飄無定用之對待於人使人左右斜易而不能發至人之重心點以接骨逗筍使人突然而起以後仆也按照此項定論凡應用於人時不可一時離開此沉勁也惟沉雖然與重不同無填實之可虞但其靈活之量終此輕差故沉功雖具而後仍須去求輕以使此輕沉倒換靈活也真正之輕乃沉中之輕雖輕而不浮真正之沉乃輕中之沉雖沉而不實不浮方為真正之輕真正之沉也與人對待化勁之時我欲懂人勁不得不輕

若不輕則無法以從人不能從人則不能懂其勁況對方欲懂己勁亦以輕相向雙方俱用輕則真輕者能懂假輕者之勁故愈輕亦愈靈所謂一羽不能加蠅蟲不能落人不知我我獨知人也若至捲放蓄發之時則又非沉不可也可見輕沉二字在太極拳內必須兼備有輕無沉不可有沉無輕亦不可輕沉二字表面視之近於剛柔其實內部升不同也因輕沉為輕剛柔為緯也欲求忽輕忽沉之根本仍在內部氣之運用以氣為主吸時則身中之氣聚於丹田而手足內之氣減輕矣呼時身中之氣由丹田散於手足而加沉矣一呼一吸而

輕沉分焉因此走架子時對於開合之分配呼吸不可不加以注意以調整勁之輕沉使輕沉兩者寓於呼吸之中也且進一步言之呼吸之氣若加強及加速則必有音聞於外若呼吸之中能有聲音以助長急邊調整輕沉則輕沉更加宏大矣且因勁得聲音之助則精神之力量天然集中矣然後輕沉分量之差別更覺顯然有別而宏大無此也如推手時
哈時吸氣以減輕其量使對方起也
哼時呼氣以加沉其量使對方仆也
以上兩種乃以聲音代表勁之運用以助長氣之輕沉

并非口中必須發出此二字之音也因人之生理之不同南北方言發音之相異不能專定何種字音為標準祇須辨明用鼻呼音為加沉用鼻吸音為減輕至於何種音為合適全視平日走架子時關於開合蓄發之處所常染之發音如何為斷耳如能平時常用此哼哈二氣則精氣神與勁四者容易混合如一而後一蓄則全身之勁蓄而精氣神亦為之一蓄一發則全身之勁發而精氣神亦為之一發其中天然影響於輕沉至重且大也推練習次序應先求輕以便關節鬆開即輕中生浮亦所不計如關節已經鬆開即應以心行氣務令沉

着沉着之後再以呼吸調之呼吸加大以聲音助之方可得到真正整個之輕也并可獲到真正整個之沉也拳經云氣沉丹田呼吸功哼哈二氣妙無窮動勿靜合胃音發輕沉變化迅貫通此可證明練太極拳應用聲音補助精氣神勁四者之統一而內中仍以氣功之量是否飽滿充足為主宰①也

校注：

❶应为"主宰"。下同。

# 第四十七章 太極拳練習之經驗談

（學太極拳當著著審問慎思也）即將每式細心揣摩即拳經所謂審問而慎思之功夫也先審問姿勢是否順利再慎思內部氣之運行如何每著若加審問則功夫易於進步无須個人靜心時為之如慎思一著不明而又無從審問在無法中再求師指導此時稍加指點則此著自能領悟而可以終身不忘矣其中最難揣摩之點而不得不揣摩之處即承上接下往復之處務須有摺疊存於中其中所含掤勁自不能斷而自身放去之勁或縷來之勁不得不斷斷後

校注：
❶应为"往复"。
❷"缕"，应为"擺"。

因有摺疊則自能接可將兩着連貫而爲一則一氣貫通有如長江大河滔滔不絕矣

（學太極拳無非學掤擠縱橫而已）即每一式內必有一開合每一着必有捲放爲太極拳雖係求圓勁如圓中無開合是爲有圓無方不能成規矩而手中所藏之勁別不能分清功用失去四正之作用矣是故一趟太極拳無論如何變化無非大開合入於小開合此捲勁之功用爲縱之意也小開合擴爲大開合此放勁之功用爲橫之意也故合中帶捲開中帶放無捲放則太極拳即能圓旋而爲圓滑之旋轉失去

拳術之意義矣故學太極拳者一舉一動如不在摑
闢縱橫上注意決不能得到太極拳之功效也
(學太極拳與其他拳術異者纏絲勁耳太極拳一切
之著勢與其他拳術相同無若何特別之點所不同
者運勁與發勁耳因其運勁純走弧形如太極之○
一舉一動均須審查所運之勁及所發之勁是否走
此拋物線之弧形也且此拋物形之勁非為平面之
圓勁而為立體弧形之勁也此項特種弧形古時無
以名之惟與太極圖形相仿故名之為太極拳也并
非其中具有何項神秘之理也如果運發離開弧形

校注：
❶～❺應為"弧形"。

雖姿勢完全相同決不能呼為太極拳倘架子之姿勢完全不同而運發之勁及所走之線路相同亦可呼之為太極拳也走架子時所有動作均須走抛物線形而臂之本身仍須連帶而旋轉乃成為機械學螺絲形方合立體之謂也

（學太極拳應分段校正）照普通人之習慣學習走架子多喜一氣學到底然後再漸次改正因習慣已成不易改正如果用此種方法改正架子時其師在傍[1]監視如有錯悞立時止住則一趟無法徃下進行若待全趟完後再改則為師者又易忘記其之錯悞點

校注：

[1] "在傍"，应为"在旁"。

矣。因此往往發生悮會以為其師不肯指正而教衍了事。且學習者即受師指正如不再三再四專修之，亦不易記住之。待改正到後段時則前段仍復舊觀矣。故學習者不可貪多應將一趟架子分為數段，每段再分為三五項，每次校正以一段為最長，分項校正之。待此段校正後已能練習純熟而後再進一項，則所得效果事半而功倍，學者易學而教授者亦易教也。

5 (學太極拳主要完全在學掤勁也) 何為掤勁？外操柔軟內含堅剛是也。無內剛之外柔謂之滑，無外柔之內剛謂之僵能得外面愈柔內部愈剛則愈臻上乘按照次序先求外柔後求內剛外柔之久而後可得內之堅剛剛從柔中來非待能柔後方可求剛此剛係因柔久用心意以行氣使氣貫於內而沉着變為剛能剛方有掤勁有掤勁須極端注意二着承上接下處之掤勁及變化時轉換之掤勁倘運轉至此勢此時而無掤勁則無捲放之功用謂之丟病矣有丟則勁斷而意亦斷矣學太極拳者乃練習無時能丟開此掤勁有掤勁即有防禦化走之能有彈性攻擊之功無虞受阻受滯之病掤勁可以忽隱忽現不可

忽有忽無離開掤勁則不能成為太極拳矣。

(學太極拳須知太極圓之範圍)太極拳立身須中正安舒支撐八面者乃是令身有殘餘手以曲蓄而不許直伸者乃令手有殘餘也能有殘餘方有伸縮餘地得機得勢以運化各方之勁所以有太極圓之規定乃是使一舉一動均在圓內留有裕餘而後可支撐八面故運使之手上不許過眉下不許過臍右手如右開不許過右腕左手如左開不許過身腹之後手向前不許過膝蓋以上均以手掌中心為標準膝蓋不許過腳尖臀不許過膝蓋下乃防備手足運

使太過致失方圓之外出諸太極圈使一方無伸縮餘地也

（學太極拳切不可有外擺臀之病）一待發生外擺臀之病則站立不牢無待他人有所問勁即自己亦有浮盪不定之苦因是腿無掤勁進退左右週轉不能靈活矣其病因勁在脚根外部或在脚掌邊沿所生之外擺臀也學太極拳者應常時注意使勁起於足根内部不生外擺臀之病能在足根内部著力則跨❶易開而氣易下沉不致有站立不牢之弊矣如足前後站立時其間兩足左右距離亦有寬窄之分太窄

校注：

❶ "跨"，应为"胯"。下同。

則頂膛過寬則邊膛應在肩寬之間因人之身材不同可以由試驗而得一合宜之度數學太極拳者務須去此三膛之病可得收腰腿之功腰腿能合何致不得機不得勢也

（學太極拳應知跨為腰腿之中心拳經云有不得機不得勢處身便散亂其病必於腰腿間求之所謂腰腿之間者乃以跨為中心樞機如能時時注意跨之合宜則腰腿自順腰腿無病則得機得勢自得矣可見跨在太極拳中之重要性矣練習時凡後坐之看忌後跨摺遍凡前弓之看忌後跨鼓勁後跨若摺遍則

校注：
❶~❻ "跨"，应为"胯"。

气不能下行至脚根一腿弓折断矣後跨①若鼓动则前腿滞重转换不灵提起不活所以练习时必须注意跨②之不鼓不摺如欲不鼓不摺在迈步过大过小时须拖而合之或撑而合之以救济其病故走架子使之有不鼓不摺之习惯若遇过大过小之迈步则自然而然收放以合其宜此拳经所谓两腿须相随也

9（学习太极拳务须一动无有不动）此常人所知之要诀也然则用何法以令之全动此应在走架子审问诀也就则用何法以令之全动此应在走架子审问有无此种趋向其要点在五弓齐逗笋也能逗上笋

校注：
❶❷ "跨"，应为"胯"。

方可一動無有不動如在練習時肩胛凸出是肩胛未逗上臀撅向後是胯骨未逗上成為三折之弓何能一動無有不動哉觀運動時手一畫圓跨間亦有一圓此証明勁已貫串上下相隨五弓已經連接如一矣

10（學太極拳分清虛實太過則為病拳經云偏沉則隨雙重則滯是以學習太極拳者無不知要分清虛實一處有一處虛實處有一虛實因為分清虛實常有一處虛之太過一處實之太過成為偏重之病須知練太極拳者欲分清虛實之原因乃因有虛實方

校注：
❶❷ "跨"，应为"胯"。

可倒換靈活若分之太過則偏重一方為填實而成滯矣且因太極拳之動作若偏重於左時而欲向右轉必須按照拳經云意欲向左必先寓右試思在此時期己身已偏右而再寓右則自然有發生立足不住之虞矣因失去裕餘地位偏於一方所以為病也故練太極拳者功夫愈深則雙足輕重之分愈相差無幾因分虛實祇在微微之分如五十五與四十五之分不在一十與九十之分此專指足部而言也不但足要分清虛實即一手一足亦應分清虛實如左手左足之虛實或右手右足之虛實務須連帶分清

然後一舉一動有此習慣方能運使靈活若左手沉而左足亦重則足滯提拔不起矣不能舍己從人矣此為練習太極拳者易犯之通病宜在走架子時絕對免除之也

(學太極拳者係由手化進至身化)初與人較手時手上感受壓迫則以掤勁貫足其手在掤中以走化對方之勁走化是牽動對方之法使之落空再蓄勁以待發也因用化人勁之法必變動轉換其姿勢人亦因我轉換而能乘機以制我此種化法乃尺數之化也若進一步化中藏蓄由捲收而生化到極點即

是發點則予人之機少而己之得機多此種化法已進於寸數之化矣若再進一步以手之沾黏不脫相掤不逼勢據上游緊緊相隨手仍緊而迫之以己之身法化之則無隙為對方可乘而得勢自多此種化法乃分數之化矣推尺寸分乃學太極拳之階級不可越級而成不可守級不進此練習者應分定步驟而前進也

（學太極拳在技擊上言之無非求接骨逗筍學太極拳之各種功夫一步步升進而至極頂推原其故除去體育外無非求與人較手得到接住對方之骨逗

住對方之筍二者而已因欲接骨所以要掤勁能逗

住筍方能感覺對方重心所在而後發無不中應手而出走逢肯綮矣因為逗筍所以要沾黏連隨週旋

不脫以求合筍因為逗筍所以要八門五步以消除

逗筍之障碍因為逗筍所以要得機得勢能在得

機得勢中逗住筍己身方能發生彈性以擊發他人

也故在太極拳一門功夫若在技擊上言之最高點

是求能接骨逗筍之功夫如果已經有逗住筍之功

夫方能引進落空用四兩之勁以擊發千斤之重也

接骨之後用如梗燃大之旋轉以求對方筍之所在

而逗之如已逗住則以如泉湧出之勢而發之如其未曾逗筍而發之亦不過搖動對方而已何能稱為技擊哉最高之太極拳家能一沾人手無論在何種方式中均可立刻逗住信手而發可見逗筍之重要如不明此法則雖終身學之亦不能得收技擊之功效也

# 第四十八章　結論　太極之特種功用

太極拳者形而上之拳術也其中所含哲理合乎道

凡德育智育之增進均可由此而得之若夫視之祗

能供健康體格及遊藝技擊之用者未免小視太極

拳矣以人生在世本與憂患俱來自幼至長無日

不在奮鬥之中如欲戰勝環境豈能離此善於奮鬥之

太極拳學理而不顧乎此項優良奮鬥之法則不但

能淑身兼能淑世不但能鬥物質之身體亦能鬥精

神之意志由體育之功效亦可獲到德育智育之進

步一舉而三備定非計之上者乎書云誠於中則形

於外譬如人之身體能力行於中正屈伸動靜務須有餘裕當其行時心中自必有中正裕餘之意寓於其中而後方能以此意運其身如果人能常存正裕餘之心意日日行之於動作刻刻運之於心意則日聚月積漸成習慣於言行之間於不知不覺中對於各項事物漸能存中正裕餘之心以運用之矣蓋習俗移人為人生不可免之事也久久形正於外足以影響意識於中由內及外由外及內結果則一此太極拳可以淑世亦可以改進人之德育此常見暴烈粗野之人多喜練猛烈硬直之拳文雅細緻之

士多喜學柔和善變之拳蓋性相近而習相遠試觀太極拳傳至北平等大都市後多注重拳中之柔者在河南鄉間者多注重拳中之剛即同師授而學之者亦有皮骨之分其性和者或智識階級習之則多得拳中柔性烈者或勞動階級習之則多得拳中剛亦可見體格之鍛練足以與性情智慧上有互相之融協如能調劑得宜豈非予人以莫大助力治此不能用藥之病乎倘以太極拳之柔施之性烈者勉強以練之幷以太極拳之剛施之性軟者勉強以習之能得久久行之性情上自得剛柔相濟之功矣豈非

計之善者乎盡安而行之利而行之勉強而行之其成功則一也指修養心性由太極拳所得持種功勁之理也若夫本此項學理平日修練於身者轉為智育施之於事物之中則所得效果亦可與身體收同等之功效而合於大道之行矣惟道之為物在今日淺見者流視之似乎已有不適用之勢若以道目處眾將目之為愚人惑於近視不復顧其遠面於小利不能知其大貪於一時之得不復計及永久之成致不知道之為物乃萬物之所躋救正人之輕視弱點務須反之而行使人人更為大利己主義愛為

永久利己主義免得朝成而夕敗身敗而名裂此即所謂聖賢之學問也大道之本也雖人有時亦能知道之然而多數不能知其所以然故似信而似疑不能堅持其義成為口是而心非總覺道是讓人之物多半有損戲於己結果認道為好人之別名耳此乃皮毛之論未能真知道者也如果以道之理如太極拳者平時施之於身即以身作試驗道之功用設或稍背其理立即無法運用其身而易為人制亦無法以避害而驅逐侵犯之物因此種種足以使人覺悟道之原理為人保身之利器作有力之証明蓋人與

人之問題無論身與身事與事及國與國欲求趨順利辟橫逆均不能越此太極拳拒理之外均不能離於道此茲分別說明於下

(1) 適用於修身之太極拳學

1. 拳經云立身須中正安舒支撐八面云云,如身不能中正勢必前俯後仰左傾右斜他人能乘其不正而以勁加之則為敗勢矣人如傾左則右方決無抵抗之力人可在右而以勁加之則跌去矣此身之不正之病祇能抵禦一方而其他方面不能兼顧矣若人在行動之時能寓中正之意則靜止

時更易為之四面八方均有應付之能矣故君子
立身以正不是為名是為妨備侵害求得自由活
潑之身任憑何方有所侵犯均能應付勞人立身
處世懷有私意如存於左即是其身傾斜於左他
人乘其私左加以攻擊勢必為人擊其肘矣除屈
服外無抵抗之能矣若人希望太過謂之貪此前
俯之病也私讓太過謂之懸此後仰之病也故正
人君子大公無私有禮以節其前俯後仰之病而
歸之於中正不敢稍存私意以免發生傾斜之病
免為他人所乘也

拳經云精神能提得起乃無遲重之虞此虛領頂勁之功也云：因人能提得起精神則一切運動方能靈活精神有所專注乃能辨明事物之變化預以應之於人事可以敬字代之主敬謂之一太極拳以敬繫經勁切五字為以拳最高之根本法則而以敬字為首乃欲提起精神一心一意以對事物整齊嚴肅清明在躬隨曲就伸遇機而化而後事無不治功無不成以精神有提起之能以臨其事所生之效果也凡世間一切事物未有不將精神貫澈其中而能成事如欲貫澈无非

校注：

❶ "貫澈"，應為"貫徹"。

提起精神不可提起之道非有虛領頂勁不為功也觀夫昏憒懶散之人終日暮氣沉沉精神不能振起垂頭喪氣有類行尸對人對事何能生效此敬字不可不知也體育修練如斯智育修練亦如斯也

子輿經云外操柔軟內含堅剛以柔軟而迎堅剛則堅剛化為烏有矣云、凡物剛甚則折如剛遇剛則剛韌者勝雖能勝之然勝者亦因剛與剛者鬥而不免亦受損喪故不得稱為形而上之法也若物過柔則易匾容易為他人所左右如柔與柔遇則柔而綿者活雖能活然無法使柔者以就其範故仍不能稱為善法也若以外柔內剛之法乃君子外圓內方之道用渾厚以迎人與人無忤與已無損用剛以恃身則不為人左右而能左右人此不敗之學也舉凡一切事業凡能剛柔相濟內剛外柔以臨人者則事無不辦若外剛而內柔則外表剛愎自用而內部則優柔寡斷此非經鍛練之人不易成其事且為人所詬病比較內外俱柔或內外俱剛之本色者又在其下矣

(乙) 適用政治之太極拳學

拳經云欲求懂勁須知沾黏連隨而不許頂匾丟抗此為知人之大學問政治設施之根本也蓋欲知人必須挺身於人羣與人有週旋之機會如離開人羣而欲知人決無此理此沾黏連隨之功也如人說未畢以言止之此頂病也人說東而答以西此匾病也人以言來而不理之此丟病也人以剛來而以剛答之此抗病也如有此四病仍不能得知其人也故欲知人須有沾黏他人之力而不許與人發生頂匾之病然後聞其言知其意遇事有連隨之功而不許丟抗其事則可知其

事明其理矣在人事以和字代之是以交接不多不能知人性情之如何遇事不繁不能知事理之難易人和者不存心以冷人不卑鄙以可人不發語以犯人不答語以衡人而後能得人和有人和而人能盡其言得為知人矣能知人而後可以知民情曉民意與民不隔得知其隱然後所有設施方可合於民心不使生反動力量為大政治家天經地義之法則此與民有沾黏連隨之功不許頂匾丟抗之效果也

凡拳經云週身須節節貫串無使有缺陷處無使

有凸凹處無使有斷續處其根在腳發於腿主宰[1]於腰行於手指由腳而腿而腰總須完整一氣向前退後乃能得機得勢有不得機不得勢處身便散亂必於腰腿間求之云：此可作運用政治之大綱也其根在腳腳者民眾也腿者居於民上社會之中堅民眾之優秀份子[2]所謂下級幹部也腰者受命於心者一國之政府以精神意志所組成也故以心為令以氣為傳旗能達意志於腰腰者臨於民上之官吏所謂中級幹部也而臂者國之海陸軍也欲思一國有對外之能力必須國內

校注：

❶ 應為"主宰"。
❷ "優秀份子"，應為"优秀分子"。

各級人士有連貫一氣之功效無使有缺陷處者即各級均有健全之現象也無使有凸凹處者即法律制度均須平等施用也無使有斷續處者即人才新陳代謝無使有絕乏人才之嘆能得如斯方足以應外患運用自如一動則全國皆動方可稱之為整個之國家也如果上列各種缺其一則不能運用自如勢必散亂無章自保不暇遑言對外故欲治此國病必須在中級及下級幹部中以整理之因此二級為國家組成之骨幹如骨幹不修雖有靈敏之政府強健之海陸軍亦等於零矣

校注：
❶应为"缺陷"。

欲強健國家乃對此兩級人士是否健全豈可忽手并且使此兩者有一貫之精神而後方可談到國力之如何也觀人功夫須觀人腰腿如何若欲觀先一國興衰須觀此國中之下兩級幹部人士是否健全以為斷也

拳經云氣以直養而無害勁以曲蓄而有餘云云所謂氣者一國之元氣即民眾之元氣也民氣須直養乃能活潑流動使之密佈於一國之內此可呼之為元氣充盛之國家如不能直接流通則成曲中自有含藏若干壓制之意有壓制則民

眾不平則鳴勢必橫潰生亂而國家不能旺盛矣故政治家能順遂以導乎民氣則為國家寶若逆折以壓制民氣則為國家害關係之重可謂大矣然有時在表面視之似順而實逆因民氣無整個之表現或甲是而乙非丙迎而丁拒故凡政治上一切設施務須有裕餘預為轉換之地位以求達到順遂民氣之功不致有收回不了之苦此大政治家之設施無不有裕餘之作用惟在表面上視之以為存厚道不肯走極端其實仍是為己身運用靈活方便而着想也因有裕餘之設施者不致發

生失足之虞乃推行政治必要之原則也

(3) 適用軍事之太極拳學

1 拳經云欲要懂勁須知己知彼欲要知己知彼先要舍己從人欲要舍己從人先要得機得勢欲要得機得勢先要周身一家云云此可為軍事之大綱也所謂懂勁者知兵此凡知兵者必須有知己知彼之能欲思知彼必須有舍己從人之能此乃威力偵查之法如敵人退却我能跟進敵人前進我能退却而在跟進中要有攻擊力量退却時要有抵抗力量能如是與敵人以週旋進能進不

因進取而散亂退能退不因退守而潰亂此乃舍己從人之法威力偵查之功也須知威力偵查時之兵力尤須具有攻守之能力則進退時遇有空隙即進擊之或反擊之均不可將偵查認為一事而攻擊敵人另是一部兵力也須知偵查後我能增加兵力變換方法敵人亦可增力兵力或變換方法仍不能收知彼之功矣此不足得偵查而易受偵查害如欲去害受益務須注意偵查時仍保持得機得勢之陣勢使之進退自如為活動兵力而非呆兵沉着應付乃臻上乘然欲至此境界

非有極度訓練之師不能擔此勤務也所謂極度訓練程度者即是周身有如一家之意完全為整個之軍隊自上至下毫無隔膜視為一體人當具位事盡其職全體多有專長各部份全無缺陷至此方可達到得機得勢之境乃可運用舍己從人之法以收知己知彼之功為百戰不殆之法也奉經云兩腿務須相隨云、乃軍隊無論進退均不可中間失去連絡倘逢前進之時如展開過大易為人乘寧可縮短戰線不可中間有空隙分為兩個單位應使所有部隊一部為活動部隊一部為有據點之部隊互相連絡尤須雙方有倒換之能所謂活動部隊者虛也有半永久工事之據點者實也實者守虛者攻并須虛能變實實能變虛山戰術之變化乃敵人最難判斷之戰法也且在虛實兩種部隊之間無空隙可尋山乃穩打穩紮之法不易為人包圍即或敵人抄至身後亦無所懼也如兩部俱虛則無固守之力而攻擊力量亦不烈矣如兩部俱實則無攻擊敵人之力兵也一旦失陷一部其他一部亦連帶而被包圍矣故善用兵者一師有一師之虛實一團有一

圍之虛實處均有虛實此所謂奇正相生為最上之戰術如距離過長寧可倒換以進退不可一往直前致中間失去連絡露有空隙而為人所乘也

3拳經云兩膊務須相繫壹意欲向前必寓後向後必寓前云乃軍事上之左右翼務須有極靈敏之連絡如左進則右守右守則左進而進退決不取直線之進退為人所乘如左翼邀退一二里則右翼取包圍式由右方用弧形線而前進以十里此兩翼前進之法也倘欲後退如左翼必須先僅

攻攻后迂迴而后撤亦不以直线退退至据点右翼再佯攻后撤至五翼之傍①而据之此乃两膊相击之功用以进退之法也无论进退如何均须有整齐严肃之精神即藏蓄有防御及攻击两者之力量尤其在退中应具有此等能力方可称为善退也若敌人溃不成军时战斗力全无时可以用直线兵力以迅雷不及掩耳之速度而压迫之此为横股在侧外否则决不可以採用直线进退法而相进退也细考军事学乃太极拳学扩大之学问祇在众寡之分两中原则及原理无一不息息相通也

校注：

❶ "傍"，应为"旁"。

## (廿) 太極拳之三綱五常

凡一切設施而不合環境發生少許反動力量以不激不離之精神得以順利進行隨意之所期得告成功豈非至艱至難之學問乎并且設或不幸遭逢意外而發生變化狀設施者預立於安全地帶不致因設施不當而連累設施者以陷入深坑豈非聖賢設施之道也聖賢之道所以能獲如斯成就者因以仁義禮智信五常當先為戰勝於人之利器試作東周諸子百家雜說并起之世苟無真實道理有益人生安能得三千弟子於門下前人非愚者無特種價值

安能垂數千年而不衰觀聖人學說內個人立身之道以三綱爲主有君綱不慈君不喜用有如今日以愛國相號召者不慈社會不歡迎同一理也有父綱不慈一班長上不生慈愛之心自能得多數先進者之提携不慈社會無地步矣有夫綱不慈家庭無次序號令統一乃古之法西斯蒂主義也故有此三綱爲之基礎則在家出仕均不慈不能自立矣再用以五常於事業之中以五常爲鍛練知人之明有經有權以爲助以知己知彼之學問而後有勝無負爲眞正之大利己主義形而上之戰略也太極拳家仿照

其理而成技擊功夫亦欲以此不敗之術行之於人身身心雖不同其理一也太極拳學以一柔為仁，外操柔軟以臨人則人之剛強化為烏有矣并使對方不生反動力量有如君子以渾厚處世仁風所及足以化除一切橫逆之來也

之剛為義　拳中無剛則無自主之權不能發生彈性以禦外侮以制止一切之侵襲者無義不能自立於世不足以除奸禁惡效聖人以仁義當先即所謂柔剛相濟站得住地位乃可消滅反動之善法太極拳以內含堅剛為必修之過程亦是剛柔

相濟也

3 正為禮 太極拳一舉一動不偏不倚無過不及不俯不仰進退裕如不虞受滯整齊嚴肅含胸拔背足以接人之勁借人之力也有如君子動有規矩行有節文中正和平謙恭有禮足以受人之益得人之助也

4 化為智 太極拳之屈伸動靜開合擒縱起落轉變斷接急緩等均為化人之勁而練為捭闔縱橫無一非智之運用有如人之奇變莫測動應多端轉禍為福臨危制勝無非計慮謀略之運用智者

所為何一非化勁乎。

5真為信 太極拳以真實無欺之手臨人素不以冷手巧著哄人見長純以功夫真實取勝於人也取其懂勁為嚴明之本無論對方備與不備以此而運用為最安全之法則也有如人事不以奸詐巧奪臨人純以信為主誠篤無欺能使人心悅而誠服同一理也

此太極拳仿照聖人之五常而以柔剛正化真號為五常以臨人身也致其自身修練之道亦具有三綱為主以

一、神為君綱 神恬乃天君泰然之象而後百體從命如神龍變化忽顯忽藏令人莫測端倪乃神之動也。

二、氣為父綱 本先天之氣以運後天之用也理以言氣本以氣以運動而知覺運知動覺貫足中氣即孟子所謂浩然之氣也。

三、精為夫綱 動之則分靜之則合乃心神凝結了之精也。

內之神也靜動如山岳目注意貫乃神之靜也

太極拳所以號為內家因以內功為主純以精氣神為本一切運用均不能離開精氣神即如君子以三

綱為主也。聖人有經權之變化，在規矩方圓之內則用經，出規矩方圓之外則用權。若太極拳者，在規矩方圓之內用四正手，出諸規矩方圓之外用四隅手，致外圓內方外柔內剛，則拳與人事如出一轍也。聖人週遊列國而後有知人之明，太極拳經過多數推手者之經驗而後有懂勁之望。聖人用此以戰勝世人之心，太極拳用此以戰勝世人之身。其淑身淑世運知動覺，皆本此一理也。理者人之所得於天然以為性者也。苟能順其情性之自然。

行其姿勢之當然

合乎人心之間然

深知理之所以然

則理具而萬得矣查理為精氣神之體精氣神為身之體身為心之用勁力為心身有一定主宰

者理也精氣神有一定主宰者意誠也誠者天道誠之者人道慎不外意念須臾之間要知天人同體之理自得日月流行之氣其意上氣之流行精神自隱于理矣

綜之太極拳學照上列所述不但能健全體格與技

校注：
❶❷应为"主宰"。

擊之用并可因體育之鍛練影響德育智育之增進雖然德育智育兩項本有專修之方法固無須由體育亦可以得到卓越之進步不過由體育所生之德智別具風格比較專修者多一種証明時時鍛練即是予人以時時深刻之覺悟使之永久記憶於心中。證明德育乃是戰於人之利器亦非不合時代之腐化品稍背其理則失敗立至如德育不立則雖具智育亦無所用即用之亦不能持久而不敗此若體育不充則又不足充大德育之效果因此可以連帶証明體育者乃三育之根無體育不能推行三育若太

三九八

極拳之體育尤具特長內中德智二育均已包含其中學一得二豈非至上至高之形而上之學問乎